# 窗边的小豆豆

〔日〕黑柳彻子 著 〔日〕岩崎千弘 图
赵玉皎 译

南海出版公司

图书在版编目(CIP)数据

窗边的小豆豆/〔日〕黑柳彻子著;〔日〕岩崎千弘图;赵玉皎译.—2版.—海口:南海出版公司,2011.1
ISBN 978-7-5442-5058-0

Ⅰ.①窗… Ⅱ.①黑…②岩…③赵… Ⅲ.①儿童文学—长篇小说—日本—现代 Ⅳ.①I313.84

中国版本图书馆CIP数据核字(2010)第229155号

著作权合同登记号 图字:30—2002—113



窗边的小豆豆
〔日〕黑柳彻子 著
〔日〕岩崎千弘 图
赵玉皎 译

出　　版 南海出版公司 (0898)66568511
　　　　 海口市海秀中路51号星华大厦五楼 邮编 570206
发　　行 新经典发行有限公司
　　　　 电话(010)68423599 邮箱 editor@readinglife.com
经　　销 新华书店

责任编辑 陈明俊 猿渡静子
装帧设计 严 冬

印　　刷 三河市三佳印刷装订有限公司
开　　本 890毫米×1280毫米 1/32
印　　张 8.5 彩色插页 20页
字　　数 175千
版　　次 2003年1月第1版 2011年1月第2版
印　　次 2017年12月第149次印刷
书　　号 ISBN 978-7-5442-5058-0
定　　价 25.00元

谨将本书献给已逝的

小林宗作　老师

## 目录

这本书讲的是
一所小学
和在那里上学的
一个女孩子的
真实故事
故事发生在
第二次世界大战结束前的东京

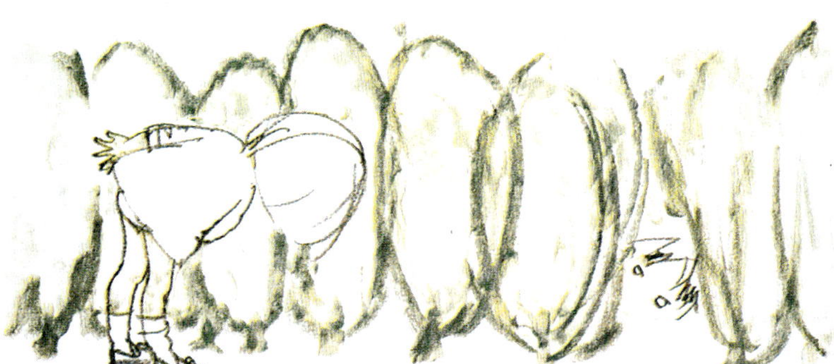

# 第一次来车站

在“自由之丘”车站，从大井町线的电车上下来后，妈妈拉着小豆豆的手，正要走出检票口。在这以前，小豆豆几乎没坐过电车，所以她一直小心翼翼地握着车票，一看到要把票交出去，非常舍不得。于是，她对检票的大叔说：

“这张票，我留下来行吗？”

大叔说了声“不行啊”，就从小豆豆手里把票拿走了。小豆豆指着检票口的盒子里满满的车票问道：

“这些，全部都是叔叔的吗？”

大叔一边把其他出站乘客的车票抓过来，一边答道：

“不是叔叔的，是车站的。”

“哎——”小豆豆恋恋不舍地看着盒子，说：

“我长大了呢，要做一个卖车票的人！”

大叔这才飞快地瞟了小豆豆一眼，说：

“我家儿子也说想在车站工作，你们一起工作也不错。”

小豆豆站远一点儿，仔细看看大叔。大叔长得挺胖，戴着眼镜，仔细看一看的话，倒也显得挺和气的。

“嗯——” 小豆豆叉着腰，一边端详着，说：

“和叔叔家的男孩一起工作，也是不错的主意，我想一想吧。不过我现在挺忙的，我要去新学校啦。”

说完，小豆豆跑向等在一边的妈妈，说：“我打算做一个售票员！”

妈妈却一点儿也没有吃惊的样子，说：“不过，你不是说要做间谍吗？这可怎么办好呢？”

小豆豆被妈妈拉着手，一边向前走去，一边思考着。（不错，直到昨天，小豆豆的志向还是一定要做间谍。可是，做一个像刚才那样把车票满满地堆一盒子的人，也是非常好的主意。）

“有了！”小豆豆突然想到了一个好主意，她看着妈妈，大声宣布道：

“哎——本来是个间谍，但装作售票员的样子，怎么样？”

妈妈没有回答。实际上，妈妈现在非常不安。如果今天去的这所小学，不肯收下小豆豆，那……在镶着小花的毡帽下面，妈妈漂亮的脸上神色有点儿严肃。她看看小豆豆，小豆豆在路上蹦蹦跳跳，嘴里还快言快语地说着什么。她并不知道妈妈正在担心，每当和妈妈眼神碰到一起，就快活地笑着。

“嗯——我还是两个都不做了，我要做一个宣传艺人！”

妈妈的语调里有几分绝望：“唉，要迟到了！校长先生在等着我们呢。不要再说话了，快往前走吧。”

在两个人面前，出现了一个小小的校门。

# 窗边的小豆豆

在走进新学校的大门之前，让我先来说明一下小豆豆的妈妈为什么感到不安。那是因为，小豆豆虽然才是一个一年级的小学生，但她已经退过一次学了。才一年级，就被退学了！

就是上个星期的事情。班主任老师把小豆豆的妈妈请到学校，直截了当地说：

“您家的小姑娘在这里上学的话，整个班级的学生都会受到干扰。请您把她送到别的学校去好吗？”

年轻漂亮的女老师叹了一口气，接着说道：

“真让人没有办法！”

妈妈大吃一惊。（到底是什么事情呢……能让全班的同学都受到干扰？那孩子到底干了些什么？）

老师眨了眨向上卷起的长睫毛，又用手理了理向里鬈曲

的短短烫发，开始说起来：

“先是，上课的时候，她把书桌的盖子开了关，关了开，足有上百次！我对她说‘没有事的时候，不要总是把书桌开开关关的’。于是，您家的小姑娘就把笔记本、文具盒、课本等等一样一样地全部放到书桌里面，然后又把它们一样一样地拿出来。比如说，听写的时候吧，她先打开书桌的盖子，取出笔记本，然后立刻‘啪嗒’一声关上盖子。接着，马上又打开盖子，把头钻到里面，从文具盒里取出铅笔来写‘a’字，匆匆关上盖子，写了一个‘a’字。但是，可能写得不好，或者写错了吧，只见她又打开书桌的盖子，再次把头钻到里面，找出橡皮来，关上盖子，飞快地擦起来。然后，又匆匆地打开盖子，把橡皮放进去，再把盖子关上。接着，她又把盖子打开，原来她只写了一个‘a’字，就把文具一样样全部放回书桌里面。先放回铅笔，关上盖子，再放回笔记本，再关上盖子……就这样。然后，接下来写‘i’字的时候，她又如法炮制，取出笔记本、铅笔、橡皮……每写一个字，桌子盖都在我的眼前开开关关，看得我眼花缭乱。我的头都晕了！可是，她每一次开关，都是有事要干，我也不能说‘不许那样’……”

想到当时的情形，老师的睫毛飞快地眨动着。

听到这里，妈妈有些明白了，为什么小豆豆要那样把学校的书桌盖子开开关关。她想起来，小豆豆第一天放学回来后，兴奋地向妈妈报告：

“哎，学校就是了不起！家里桌子的抽屉，是这个样子往外拉。可是学校的桌子，却是把盖子往上提。就像垃圾箱的盖子那样，不过要光滑得多。桌子里装得下好多东西，棒极了！”

妈妈眼前好像出现了小豆豆的样子：从来没有见过那样的桌子，觉得特别有趣，就不停地开开关关。这样的话……（并不是做了什么坏事，而且，更重要的是，等她对桌子渐渐地习惯了，就不会再那样不停地开来关去了。）妈妈这样想着，对老师说：

“我一定让她好好注意这一点。”

可是，老师略微提高了一下声音说：

“如果仅仅是这样的话，还没什么。”

妈妈的身体向后缩了一下。老师把身体稍微向前探了探，说：

“好不容易等她不再把桌子弄出声音来，这一次，她在上课的时候，却站在那里。就一直这样站着！”

妈妈又吃了一惊，问道：

“您说站着，是站在哪里呢？”

老师有些生气地说：

“站在教室的窗子旁边！”

妈妈还是弄不明白，接着问道：

“站在窗子旁边，她在干什么呢？”

老师的声音像是喊出来的：

“她是为了和宣传艺人打招呼！”

把老师的话概括一下，大致是这么回事。

第一个小时里，小豆豆不停地把桌子弄得啪嗒啪嗒响。这之后，她就离开桌子，站到窗边往外看。老师想：能够不出声音，已经很好了，愿意站在那里，就站着吧。哪知道小豆豆突然朝外面大声叫道："宣传艺人！"原来，这间教室的窗子，对小豆豆来说非常幸运，而对老师来说却很不幸。窗子在一楼，而且正对着大路，和大路的分界只是一排矮矮的绿色灌木篱笆，所以小豆豆可以轻而易举地和路上的行人说话。就这样，过路的宣传艺人们听到招呼，就来到了教室跟前。小豆豆高兴地对教室里的学生们叫道："他们来啦！"正在上课的小学生们呼啦一声全部向窗子拥去，嘴里都大叫着："宣传艺人！"接着，小豆豆对艺人们恳求道：

"哎，给我们表演一个吧。"

艺人们经过学校的时候，本来是把乐器声都停下来了，可是难得小学生们这么恳求，他们就又开始了盛大的演出。顿时，单簧管呀钲呀鼓呀，还有三弦什么的一齐响了起来。这时候，老师怎么办呢？除了一个人站在讲台上，等着演奏告一段落之外，实在没有别的办法了。老师只能安慰自己："忍耐一下吧，只要等一支曲子演奏完就好了。"

总算一曲终了，艺人们走远了，小学生们纷纷回到座位上。可是，令人吃惊的是，小豆豆仍然站在窗边不动。老师问："为什么还在那里呢？"小豆豆非常认真地回答：

"要是再有别的宣传艺人过来，不跟他们打招呼可不行啊。而且，刚才的艺人们又回来的话，我不在怎么行呢？"

“这下子，您知道她为什么没法上课了吧？”

说着说着，老师有点儿激动起来。妈妈也觉得“的确，这样的话，很让老师为难”。这时候，老师又把声音提高了一点儿，说：

“还有……”

妈妈不禁又惊讶又羞愧，向老师问道：

“还有别的？”

老师立刻接着说：

“如果说‘还有’这样的事能够数得过来，也就不必请您让她换一所学校了！”

老师让自己平静一下，看着妈妈，说道：

“就是昨天的事，她还像原来那样，站在窗子旁边。我以为她还在等宣传艺人，就照常开始上课。突然，她大声叫道：‘你在做什么？’好像是在向谁询问什么。从我站的地方看不到她说话的对象，我正想着‘会是谁呢’，这时候，她又大声问：‘哎，你在做什么呢？’这一次，她不是对着大路，而是朝着上面说话。我不觉留意起来，想：‘能不能听到对方的回答呢？’一边仔细地听，但是对方没有回答。即便如此，您家的小姑娘还是一个劲儿地问：‘哎，你在做什么？’这样实在没法上课。我走到窗前，想看看她在跟谁说话。我从窗口探出头向上一看，原来是燕子！燕子正在教室的屋檐下面做窝呢，她是在和燕子说话！我也不是不懂孩子们的心思，我并不觉得和燕子说话有什么可笑。可是，我觉得上课的时候，还是不要那么大声地问燕子‘你在做什么’为好。”

还没等妈妈开口道歉，老师又接着说：

“还有这么一件事。第一次上美术课的时候，我说‘请大家画一面国旗’。别的孩子都在绘图纸上画了太阳旗，可您家的小姑娘却开始画军舰旗，就像《朝日新闻》上的那样。我想她既然想画这个，那就画吧。可是，她突然开始在旗的周围画上了好多穗子。那穗子就是在青年团之类的旗子上缀着的那种。即便这样，我想也罢了，她可能是在哪儿看到过这种穗子吧。可就在一转眼的工夫，她把黄色的穗子一直画到了书桌上！本来，绘图纸上画了旗子，就差不多满了，没有什么地方来画穗子了。可她还是用黄色的蜡笔，哧哧地往上画穗子。穗子漫过了绘图纸，把纸拿开以后，桌子上便留下了深深的黄色锯齿痕。无论怎么擦都弄不掉。还好，锯齿痕只在三个方向有。”

妈妈的身体向后缩去，急急地问道：

“只有三个方向……”

老师看上去已经有些疲惫了，但还是很亲切地说：

“左边画的是旗杆，所以旗子留下来的锯齿痕只在三个方向有。”

妈妈稍微松了口气，说：

“啊，那么说只有三个方向……”

老师用非常缓慢的语气，一个字一个字地说：

“但是，旗杆的一端，还是越出了绘图纸，留在了桌面上！”

接着，老师站了起来，很冷淡地结束道：

“而且，不仅我一个人感到麻烦，隔壁一年级的班主任老师也觉得很受干扰……”

妈妈不得不下决心了。(确实，这样的话，太影响别的学生了。看来只能再找一所小学，把小豆豆转过去了。想办法找到一所能够理解这个孩子的性格的学校，能够教会她和大家一起学习就好了……)

就这样，妈妈开始四处奔波，寻找新的学校。这次要去的新学校，就是妈妈刚找到的。

妈妈没有告诉小豆豆这次退学的事情。因为，即便和小豆豆说了，她恐怕也不会理解自己哪里做错了吧。而且，如果小豆豆因为退学这件事，在心里留下自卑的情结，那就不好了。“等她长大以后，再找个机会告诉她吧。”妈妈这样决定了，只对小豆豆说：

“我们去一个新学校看看吧，听说那里很不错呢。”

小豆豆稍微想了想，说：

“去也行……”

妈妈心想，这孩子现在在想些什么呢？莫非她已经隐隐约约地感觉出自己已经退学了？

但一转眼，小豆豆就扑到妈妈的怀里，问：

“哎，新学校里，也会有很棒的宣传艺人路过吗？”

总之，就这样，小豆豆和妈妈向新学校走去。

## 新学校

已经可以清楚地看到校门了，小豆豆停了下来。小豆豆以前的学校，大门是气派的混凝土柱子做成的，上面醒目地写着学校的名字。可是，这个新学校的大门却是用矮矮的树做成的，而且树上还长着绿色的叶子！

“从地里面长出来的门呀。”

小豆豆这样对妈妈说，然后，又加上一句：

“肯定会越长越高，不久就比电线杆高啦！”

的确，校门是两棵活的树。小豆豆靠近大门，马上把头歪到一边。原来挂在大门上的写着学校名字的牌子，可能是被风吹的吧，已经歪到了一边。

“巴——学——园。”

小豆豆歪着头，念着牌子上的字，然后问妈妈：

“‘巴’是什么意思？”

正在这时，小豆豆的眼前出现了一幅只有在梦里才能见到的景象。她弯下腰，把头钻进大门旁边树木枝叶的空隙里，向大门里面张望。怎么会呢，真的见到了！

“妈妈！那是真的电车吗？停在校园里面呢。”

的的确确，那是真正的电车，一共有六辆，但已经不再跑了，停在那里当作教室的。小豆豆觉得真像做梦一样，“电车教室”……

电车的玻璃窗反射着清晨的阳光，闪闪发亮。小豆豆的眼睛不由得一亮，脸颊上也焕发出快乐的光彩。

## 我喜欢！

接着，小豆豆“哇——”地欢呼起来，向电车教室跑去，一边跑，一边朝妈妈喊道：

“快来呀，我们坐一坐不会动的电车！”

妈妈大吃一惊，赶紧追上去。妈妈原本是篮球运动员，跑得当然比小豆豆快得多啦。小豆豆快要跑到车门的时候，被妈妈一把抓住了裙子。妈妈紧紧地揪住小豆豆的裙子边，对她说：

“不行，这些电车是学校的教室，可你还不是这个学校的学生。如果你实在想坐，我们马上就要见到校长先生了，你好好地和校长先生说吧。如果一切都顺利，你就可以到这里来上学了，知道了吗？”

小豆豆虽然觉得现在不能坐电车，非常遗憾，但她决定听从妈妈的话，于是大声说：

“嗯——”

然后，又急忙加上一句：

“我非常喜欢这个学校。”

妈妈想说，比起你是否喜欢这个学校，更要紧的问题是，校长先生是否喜欢你呢？她松开小豆豆的裙子，拉着小豆豆的手，向校长办公室走去。

每一辆电车都非常安静，好像是第一节课刚刚开始。校园不太大，四周种了各种各样的树木，用来作为围墙。花坛里开满了红色的黄色的花朵。

校长办公室不在电车上。正对着校门有一段扇形的石头台阶，大约有七级，上了台阶，右手边就是校长办公室。

小豆豆挣脱妈妈的手，蹦跳着跑上台阶。突然，她猛地停住，转过身来，差点和走在后面的妈妈撞个满怀。

“怎么了？”

妈妈以为小豆豆又改变主意了，慌忙问道。小豆豆正好站在最高一级台阶上，神色认真地向妈妈小声问道：

“哎，我们要去见的那个人，是车站的人吧？”

妈妈不愧是一位极有耐心的人……或许，妈妈也觉得挺有趣的吧，她把脸靠近小豆豆，也小声问：

“为什么这么说呢？”

小豆豆越发压低了声音说：

“因为，妈妈说他是校长先生，可是他有这么多电车，可能他实际上是车站的人吧？”

确实，把废旧的电车当作教室，这样的学校实在稀罕，也许小豆豆的想法不无道理。妈妈这样想着，可这个时候已经没有时间去解释了，于是说道：

“那你可以自己问问校长先生。你想一想，爸爸是拉小提琴的，他有好几把小提琴，可是他并不是卖小提琴的呀。这样的人也是有的呀。”

小豆豆说了一声“哦”，拉住了妈妈的手。

17 ………… 校长先生

# 校长先生

小豆豆和妈妈走进房间时，房间里的男子从椅子里站了起来。

他的头发已经有些稀疏，前面的牙齿有的也脱落了，但脸上的气色非常好。他的个子不算高，不过肩膀和胳膊都很结实，黑色的三件套西装已经旧得有些走了形，但穿在他的身上却显得非常整齐。

小豆豆急忙鞠了一躬，大声问：

“您是校长先生呢，还是车站的人？”

妈妈急忙想解释是怎么回事，但那个人已经笑着答道：

“是校长先生啊。”

小豆豆非常开心地说：

“太好了！那么，拜托了，我想到这个学校来。”

校长先生让小豆豆坐到椅子上，然后对小豆豆的妈妈说：

“下面我想和小豆豆谈谈，您请回吧。”

只有一瞬间，小豆豆有点儿担心。但朦朦胧胧地，小豆豆觉得和这位校长先生在一起很让人放心。妈妈很利落地说：

“那么就拜托您了。”

然后，妈妈就走了出去，把门也关上了。

校长先生把椅子拉到小豆豆跟前，面对小豆豆坐了下来，说：

“好了，你跟老师说说话吧，说什么都行。把想说的话，全部说给老师听听。”

“想说的话？”

小豆豆本来以为，校长先生会问些什么问题，让自己回答。当听到“说什么都行”，小豆豆开心极了，立刻开始说起来。说话的顺序、说话的方式，都有点乱七八糟的，但她拼命地说着：

刚才坐的电车跑得非常快；

想要留下车票，恳求车站检票的大叔，他却不肯给；

以前读书的学校，担任班主任的女老师，长得非常漂亮；

那个学校里，有燕子窝；

家里有一只茶色的狗，名叫“洛基”，它会“握手”和“对不起”，吃过饭后还会表示“很满意，很满意”；

上幼儿园的时候，曾经把剪刀放到嘴里，咔嚓咔嚓地剪着玩，老师看见了生气地说：“会剪掉舌头的！”但还是那么

玩了好几次；

流鼻涕的时候，如果老是刺溜刺溜地吸来吸去，会被妈妈骂的，所以要尽快地擤掉；

爸爸很擅长在海里游泳，连跳水也会；

……

诸如此类的事，小豆豆一件一件地说起来。校长先生边听边笑着，点着头，有时候还问“后来呢”，小豆豆越发开心，说个没完没了。可是，慢慢地，终于快要没什么可说的了。小豆豆闭上了嘴，想着再说点儿什么。这时，先生问：

“已经没有了吗？”

小豆豆觉得就这样结束了的话，未免太可惜了。好不容易有人愿意听自己说话，这么好的机会可不能错过。

“还有什么可说的呢？没有了吗？”

小豆豆的脑筋在急速地转动。想啊想，终于，“有了！”她又发现了一个话题。

那就是当天小豆豆穿的衣服。一般来说，小豆豆的衣服都是妈妈亲手缝制的，但今天穿的这件却是买来的。这是因为，每天傍晚，小豆豆从外面回来的时候，身上的衣服总是破破烂烂的，有时候甚至碎得不成样子。怎么会搞成这样呢？妈妈无论如何也无法想象，为什么连镶着松紧带的白色棉短裤也会弄得破破烂烂呢？用小豆豆的话说，就是她有时要拱过篱笆、穿过人家的院子，有时候还要钻过围住野地的铁丝网，“就成了这个样子”。结果，今天早晨出门的时候，妈妈手缝的漂亮衣服已经一件不剩，全都破烂不堪，没办法，只好穿上了以前买的这件。这是一件针织料子的连衣裙，图案是胭脂红和灰色的细格子。其实也是一件很不错的裙子，但领口上的绣花是红色的，妈妈说它“有点俗气”。小豆豆想起了这件事，赶紧从椅子上溜下来，用手提起连衣裙的领子，走到先生的面前，说：

“这个领子，妈妈不喜欢！”

说完之后，小豆豆绞尽脑汁想啊想，这回却是真的找不到什么可说的了。小豆豆不禁有些伤心，这时，校长先生站了起来，用温暖的大手摸摸小豆豆的头，说：

“好了，从今天起，你就是这个学校的学生了。”

这个时候，小豆豆感到生平第一次遇到了自己真正喜欢的人！因为，从小豆豆出生后直到现在，还从来没有一个人这么长时间地听她说话呢。而且，这么长的时间里，校长先生一次也没有打哈欠，一次也没有露出不耐烦的样子。他也像小豆豆那样，向前探着身体，专注地听着。

那时小豆豆还不会看时钟，但她也感觉到过了非常长的时间。如果她会看时间的话，一定会更加吃惊，而且也会更加感激校长先生。因为，小豆豆和妈妈到学校的时候是八点钟，在校长办公室说完话，决定让小豆豆成为这个学校的学生之后，校长先生看了一下怀表说：“啊，已经是午饭时间啦。”这就是说，先生整整听小豆豆说了四个小时的话。

无论是之前，还是这以后，再也没有一个大人这么认真地听小豆豆说话了。

另外，刚上一年级的小豆豆，居然能够一个人说四个小时的话，要是妈妈或者从前学校的老师听到这件事，一定会非常吃惊。

这个时候的小豆豆，还没有觉察出自己退学的事情，连周围大人们是怎样地为难，她也没有注意到。小豆豆的性格本来就非常开朗，非常天真烂漫，不容易把事情放在心上。不过，在小豆豆的心中，不知为什么，有时候会有一种被排斥的感觉。她朦朦胧胧地感到，仿佛只有自己和别的孩子不一样，被冷眼相看。可是，和这所学校的校长先生在一起的时候，她觉得非常安心，非常温暖，心情好极了。

“能永远和这个人在一起就好了。”

这是小豆豆第一次见到校长小林宗作先生的感受。而且，幸运的是，校长先生在那时也和小豆豆一样，怀着相同的感觉。

# 盒 饭

校长先生带着小豆豆，去学生们吃午饭的地方参观。校长先生告诉小豆豆，只有吃午饭的时候，大家不在电车上，而是“都集中到礼堂里”。礼堂就在刚才小豆豆上来的石头台阶上，走进去一看，学生们正在吵吵嚷嚷的，忙着把桌子和椅子摆成一个大圆圈。小豆豆站在角落里看着，忽然，她拉了拉校长先生的衣襟，问：

“别的学生到哪里去了？”

校长先生答道：

“这就是全部的学生了。”

“全部？”

小豆豆难以置信，因为，这里的学生总共也只有以前学校的一个班那么多。

“整个学校只有五十几个人吗？”

校长先生说“是啊”。小豆豆越发觉得，这个学校无论什么地方都和原来的学校不一样。

大家都坐好以后，校长先生问：

“大家都把海的味道和山的味道带来了吗？”

“带——来——了！”

学生们纷纷打开自己盒饭的盖子。

“让我瞧瞧。”

校长先生走进桌子围成的大圆圈里，一个一个地看学生们的盒饭。学生们笑着，大声说着话，非常热闹。

“什么是‘海的味道’、‘山的味道’呢？”

小豆豆非常奇怪。可是，无论如何，这所学校非常特别，非常有趣。没想到吃午饭的时间也可以这么愉快，这么令人兴奋。一想到从明天起，自己也可以坐到桌子前，让校长先生看“海的味道、山的味道”的盒饭，小豆豆心里充满了快乐，开心得真想叫起来。

正午的阳光，柔和地停留在忙着看盒饭的校长先生的肩膀上。

# 从今天开始上学

昨天，校长先生对小豆豆说，“从今天起，你是这个学校的学生了”。对于小豆豆来说，等待第二天的到来，感觉是那么漫长，这真是从未有过的事。平时的早晨，小豆豆被妈妈拍起来后，多半还要在床上发一会儿呆，可是今天早晨，没等人喊，小豆豆就自己起来，并且穿好了袜子，背上了双肩书包，等着家里人起床。

家里最遵守时间的是牧羊犬“洛基”，它看到小豆豆的反常举动，不禁向小豆豆投来诧异的目光，但它还是伸了一个大大的懒腰，就过来紧紧地贴在小豆豆身边，期待着“可能会有什么新的开始”。

妈妈最辛苦了。她匆匆忙忙地准备“海的味道、山的味道”的盒饭，让小豆豆吃完早饭，又在小豆豆的脖子上挂上赛璐珞的月票夹，月票夹上穿好了毛线绳，这是为了防止把月票弄丢。爸爸头发还乱糟糟的，对小豆豆说：

“要做个好孩子啊。”

“那当然啦。”

小豆豆一边说着，在门口穿上鞋子，打开房门，然后一下子转过身来，对着房间里的爸爸妈妈恭恭敬敬地鞠了一个躬，说：

“爸爸，妈妈，我走啦！”

站在那里目送小豆豆上学的妈妈，几乎要落下泪来。谁能想到，这么活泼有礼貌、诚实又快乐的小豆豆，就在不久之前，被“退学”了呢？“但愿在新学校里，能够一切顺利……”妈妈在心里祈祷着。

然而，一转眼，妈妈惊讶得差点跳起来。因为妈妈看到，小豆豆竟然把自己刚才特意给她挂在脖子上的月票，挂到了洛基的脖子上！妈妈迷惑不解，这孩子到底要干什么呢？但她没有做声，打算看小豆豆准备干什么。小豆豆把月票挂到洛基脖子上后，蹲下来对洛基说：

“怎么样？这个月票的绳子，好像不太适合你呢。”

的确，对洛基来说，绳子太长了些，月票一直拖到了地面上。

“知道吗？这个是我的月票，不是你的，所以你不能坐电车的。我要问问校长先生，还要问问车站的人。如果他们说‘可以’的话，你也能到学校来了。不知行不行呢？”

洛基竖着耳朵，很认真地听小豆豆说，在小豆豆快说完的时候，它舔了舔月票，然后打了一个大哈欠。可是，小豆豆还是一个劲儿地往下说：

“电车教室是不会动的，所以我想教室里不需要月票。总之，今天你可要等着我啊。”

在这以前，洛基每天都陪着小豆豆一起走到学校门口，然后再自己走回家。今天，洛基也打算这么做。

小豆豆把月票从洛基脖子上取下来，很珍重地挂到自己的脖子上，又对爸爸妈妈说了一遍：

“我走啦！”

这一次她不再回头，双肩书包“啪嗒啪嗒”响着，小豆豆跑远了。洛基也身体一耸一耸的，和小豆豆并排跑着。

去车站的路和以前去学校的路几乎一样。一路上，许多面熟的猫啊狗啊，还有以前学校的同学，都和小豆豆擦肩而过。每当这时候，小豆豆就想：

“要不要给他们看看我的月票，他们一定会大吃一惊吧？”

不过，小豆豆又觉得，“要是迟到了可不得了，今天就算了吧”，于是越发加快了脚步。

到了车站，小豆豆原来都是向左走，但今天却向右拐去。可怜的洛基很担心地停住了脚步，东张西望。小豆豆走到了检票口，又转了回来，对一脸迷惑的洛基说：“我已经不去以前的那个学校了，我要去新学校啦。”

然后，小豆豆和洛基贴了贴脸，又闻了闻洛基耳朵的味道。“虽然和平时一样，有点臭臭的，但对我来说，却是好味道！”这么想着，小豆豆把脸挪开：

“再见！”

然后，小豆豆给车站的人看了月票，登上了车站的高台阶。洛基小声地叫着，目送着小豆豆上了台阶，走远了。

# 电车教室

小豆豆把手搭到电车教室的门上，这是昨天校长先生告诉她的教室。这时，校园里还一个人也没有。和现在的电车不同，过去的电车门上有拉手，可以从外面打开。小豆豆用两只手握住门上的拉手，往右一拉，车门立刻就打开了。小豆豆心里怦怦跳着，悄悄地把头伸到门内，向车里望去。

“哇——”

在这里，简直就像是一边学习，一边旅行一样！车里有行李网架，车窗也全部是原来的样子。要说有什么不同之处，那就是把司机的座位换成了黑板，把电车的长椅子拆了下来，换上了小学生用的桌子和椅子，桌椅朝着电车前进的方向摆放着。另外，吊环扶手也没有了。其他的，天花板也好，地板也好，都是电车原来的样子。小豆豆脱下鞋子，走到车里面，坐到不知谁的位子上。椅子是和原来学校一样的木椅子，但坐在上面心情好极了，真想一直这么坐下去。小豆豆心花怒放，暗暗决定："这么好的学校，我一定不缺课，每天都会来的。"

小豆豆向窗外望去，虽然电车已经不会动了，但可能是因为校园里的花草树木随风摇曳的缘故吧，感觉就像是电车跑了起来似的。

"啊，真开心！"

小豆豆忍不住发出了声音。然后，她把脸紧紧地贴在玻璃窗上，就像每次心里快活的时候那样，唱起了不成曲调的歌：

非常　快乐
快乐　非常
要问这是为什么……

正唱到这里，有人上车来了。那是一个女孩子，她从书包里取出笔记本和文具盒，把它们放到桌子上，然后踮起脚尖，把书包放到行李网架上，再把装鞋的袋子也放了上去。小豆豆赶紧止住唱歌，学着女孩子的样子做了一遍。接着，又上来一个男孩子。他站在电车门口，像投篮球那样，把书包向网架上投去。网架上的行李网剧烈地抖动了一下，把书包反弹出来，落到了地板上。男孩说了一声："失败！"又从原地把书包向网架投去。这一次，书包稳稳地落在了网架上。男孩喊了一声："成功！"但立刻又喊了一声："失败！"一边

爬到桌子上，打开网架上的书包，取出文具盒和笔记本。他一定是因为忘记拿出来这些东西，才说“失败”的吧。

就这样，小豆豆的这辆电车上，一共上来了九名学生。这就是巴学园一年级的全部学生了。

而且，这也是同乘一辆电车“旅行”的伙伴们。

# 上 课

教室是真正的电车，让小豆豆觉得“真特别”。接下来，又一次让小豆豆觉得“真特别”的，则是教室的座位。以前的学校里，谁坐在哪个位子上，旁边是谁，前面是谁，都是固定不变的。可是，在这个学校里，却可以根据当天的心情和方便，每天都自由选择自己喜欢的座位。

小豆豆绞尽脑汁想了半天，又左顾右盼了好一会儿，终于决定坐到早晨在自己之后进来的那个女孩子的旁边。因为，这个女孩子穿了一件有长耳朵小兔子图案的连衣裙。

不过，最“特别”的，还是这个学校的上课方式。

一般的学校都是按照每个时间段，有顺序地上课。比如第一节课是语文的话，就上语文；第二节课是算术的话，就上算术。可是这个学校却完全不一样。

在第一节课开始的时候，女老师就把当天要上的所有的

课，还有每一节课所要学习的所有问题点，满满地写在黑板上，然后说：

“下面开始上课，从你喜欢的那门课开始吧。”

于是，小学生们就从自己喜欢的那门课开始学习，先上语文也行，先上算术也行，都是可以的。所以，喜欢作文的小学生在写作文，后面的位子上，喜欢物理的学生点起了酒精灯，把烧瓶烧得“咕嘟咕嘟”冒泡，或者做着什么爆发实验。每个教室里都可以看到这样的风景。这样上课的话，随着小学生们年级的升高，老师就能够逐渐掌握每一个学生的兴趣所在，以及他感兴趣的方式、对问题的思考方法等。由此，老师能够清楚地了解每个学生的个性，对于老师而言，在了解学生的基础上因材施教，是最有效果的上课方法。

而且，对于学生来说，能从自己最喜欢的科目开始一天的学习，会觉得非常开心。自己不喜欢的科目，因为在放学之前做完就可以了，也都能够完成。所以，上课的时候多半是自习的形式，小学生们遇到自己不懂的问题，可以到老师那里请教，或者请老师到自己的位子上来，老师会耐心地讲解，一直到孩子们弄懂为止。然后，老师会出几道例题，这样就开始了新的自习过程。这是真正的学习，不会发生听课时心不在焉的情况。

小豆豆他们才是一年级的学生，还不怎么会上自习，但即便如此，可以从自己喜欢的科目开始学习，这一点却没有变化。

有人在写片假名[1]，有人在画画，有人在读书，甚至还有人在做操。坐在小豆豆旁边的那个女孩子，好像已经能够写平假名了，正在往笔记本上写着。小豆豆看什么都很新鲜，兴奋得不得了，一时间不能像别的孩子那样立刻开始学习。

这时，小豆豆后面座位上的男孩站了起来，向黑板的方向走去。他拿着笔记本，看来要去老师那里，老师这时正在黑板旁边的位子上给一个学生讲着什么。小豆豆从后面看到这个男孩走路的样子，赶紧停住了东张西望，用手托着腮，一直盯着这个男孩。男孩走路的时候拖着腿，每迈出一步，身体都摇晃得非常厉害。一开始，小豆豆以为他是故意装成这样的，可是看了一会儿之后，小豆豆渐渐明白他并不是故意装的，而是本来就这个样子。

男孩回自己座位的时候，小豆豆还像刚才一样托腮看着他。两个人的眼神碰到了一起。男孩对小豆豆友好地一笑，小豆豆慌忙也对他笑了笑。男孩坐到了后面的位子上——他坐下去的时候，也要比别的孩子费力，小豆豆呼的一下转过身，问道：

“你为什么那样走路呢？”

男孩的声音温和而平静，听上去非常聪明懂事：

“因为，我得过小儿麻痹症。”

“小儿麻痹症？”

---

① 日语字母有片假名和平假名两种，前者形似我国楷书的汉字偏旁，后者形似我国草书的汉字偏旁。片假名在书写上比较容易，所以小孩子一般先学片假名，再学平假名。

小豆豆反问道。在这之前，她还从来没听过这个词。男孩稍微压低了一点儿声音，说：

“是的，小儿麻痹症。不光是腿，我的手也……”

说着，男孩把左手伸了过来。他的手指修长，但仿佛粘在了一起，形状也扭曲了。小豆豆看着那只手，非常担心，问：

“治不好了吗？”

男孩沉默了。小豆豆心想，“我一定是问了什么不好的话吧”，不禁悲伤起来。可是，男孩却用非常开朗的声音说：

“我叫山本泰明，你呢？”

小豆豆听到男孩这么快乐的声音，非常高兴，也大声回答：

“我叫小豆豆。”

这是山本泰明和小豆豆友谊的开始。

温暖的阳光照进电车，车里甚至有点儿热了。有人把窗子打开了。清新的春风吹进电车，孩子们的头发也飘动起来，仿佛在迎风歌唱。

小豆豆在巴学园的第一天，就在这样的春风中开始了。

## 海的味道、山的味道

终于，小豆豆盼望已久的“海的味道、山的味道”的午饭时间开始了。要说这“海的味道、山的味道”，原来是校长先生要求的盒饭的菜肴。一般来说，学校对学生们的盒饭有所要求时，会这样对家长说，“请注意不要让孩子养成偏食的习惯”，或者“请注意营养的全面和均衡”之类，但巴学园的校长先生却只是这样拜托家长们：

“请让他们带来海的味道和山的味道。”

山的味道……比如说蔬菜啦，肉啦（当然，肉并不是在山上得到的，不过大致区分一下的话，牛啊猪啊鸡啊都是生长在陆地上的，就归入“山的味道”里面）。海的味道则是鱼啦，红烧海味什么的。总之，盒饭的菜里一定要有海里和山上出产的东西。小豆豆的妈妈非常敬佩校长先生，她认为“能够把想说的话，如此简练地表达出来，这样的成年人，除了

校长先生之外，没有第二个了”。而且，对妈妈来说，把山里和海里出产的食物分开来，在考虑做什么菜的时候，就不觉得麻烦了，这也挺奇怪的。校长先生还说，尽管要有海里和山上出产的东西，但千万“不要太勉强”、“不要太奢侈”，山味用“红烧牛蒡丝和煎鸡蛋”，海味用“干鲣鱼”就可以了。还有更简单的海味和山味的例子，那就是“紫菜和梅子干”。

正像小豆豆第一次见到而且非常羡慕的那样，孩子们在午饭时间里，兴奋地盼着校长先生来看自己的饭盒，问：

“海的味道和山的味道，都有了吗？”

真是让人开心。而且孩子们还可以学到什么是海里的东西，什么是山上的东西，经常会有令人吃惊的发现。

不过，偶尔也会出现这样的情况：有的妈妈一时很忙，做这做那应付不过来，孩子的盒饭里只有海味或者只有山味。这时候怎么办呢？一点儿也不用担心。因为，在过来看盒饭的校长先生身后，跟着校长夫人，夫人系着白色围裙，两只手里各拿着一个锅。每当校长先生看到没有带够菜的孩子，就说：

“海！”

于是校长夫人就从放海味的锅里，取出两个煮的鱼肉卷，放在饭盒盖上。如果先生说的是：

“山！”

夫人就会从另一个放山味的锅里，取出一块煮山芋。

就这样，没有一个孩子说“讨厌吃鱼肉卷”之类的话，也没有一个孩子会有“谁的菜很高级，谁的菜总是很寒酸”这样的想法。只要盒饭具备了海的味道和山的味道这两样，孩子们就会非常高兴，笑着闹着，吵吵嚷嚷的。

小豆豆好不容易明白了什么是“海的味道、山的味道”，不禁有些担心：“妈妈今天早晨匆匆忙忙做出来的盒饭，会不会有什么问题呢？”可是，一打开盒饭的盖子，小豆豆差点“哇——”的一声叫出来。因为，这实在是一个绝妙的盒饭，漂亮得让人目瞪口呆！黄色的煎鸡蛋、绿色的豌豆、茶色的鱼松，还有炒得松松的粉红色的鳕鱼子，五颜六色的，看上去像花圃一样漂亮。

校长先生看了一下小豆豆的盒饭，赞叹说：

“真漂亮啊。”

小豆豆非常开心，说：

“妈妈可会做菜啦。”

校长先生说了声“是吗”，指着茶色的鱼松问：

“这是海里的东西，还是山上的？”

小豆豆盯着鱼松，“是什么呢？”要是从颜色看，好像是山上的，因为是土一样的颜色嘛。可是……拿不定主意。于是，她回答道：

“我不知道。”

于是，校长先生大声地问孩子们：

“鱼松是海里的，还是山上的？”

孩子们想了一下，然后“山上的”和“海里的”声音响成一片，却没有一个一致的意见。等大家的叫声停下来，校长先生说：

“好了吗？鱼松是海里的呀。”

“为什么？”

一个胖胖的男孩问。校长先生站到桌子围成的大圆圈中间，解释说：

“鱼松呢，是把鱼刺从鱼肉里挑出来，把鱼肉切得细细的，然后炒一炒，才做出来的。”

“噢——”

大家发出佩服的声音。这时有人说：

“老师，我想看看小豆豆的鱼松，可以吗？”

校长先生说：

“可以啊。”

于是，学校里的孩子们都纷纷站起来，过来看小豆豆的鱼松。有的孩子本来就知道鱼松，也吃过，但是由于刚才的这一番话，又对鱼松发生了兴趣；也有的孩子想看看，自己家的鱼松和小豆豆的，是不是有什么不一样。来看鱼松的孩子们，有的还闻一闻味道，小豆豆有点担心：鱼松会不会被鼻子呼出来的气吹跑了？

小豆豆的第一次午饭时间，虽然有点儿紧张，但非常开心。思考什么是“海的味道、山的味道”也很有趣，还知道了鱼松是鱼做的，而且妈妈把“海的味道、山的味道”的盒饭准备得这么好。“一切都让人高兴！”小豆豆这么想着，觉得非常开心。而且，还有另外一件开心的事，那就是，妈妈做的盒饭，味道好极了！

41 ………… 好好嚼啊

# 好好嚼啊

通常，看过盒饭之后，孩子们就可以说："我吃啦！"然后开始吃饭。但是在巴学园，这中间还要加上一段合唱，这也是巴学园"真特别"的地方。校长先生是一位音乐家，他自己写了一首《饭前歌》。不过，这首歌的曲子是一个英国人写的，校长先生只写了歌词。其实更准确地说，校长先生是把原来的那首歌，换上了自己写的歌词。原来的那首歌，就是有名的《划船歌》：

划啊，划啊，划起你的小船
轻轻地，顺着溪流漂下
啦啦啦，啦啦啦，啦啦啦
生活像梦一样美好……

校长先生换上的歌词，是这样的：

好——好——嚼啊
把吃的东西
嚼啊，嚼啊，嚼啊，嚼啊
把吃的东西……

唱完这首歌之后，大家这才说："我吃啦！"

在"划啊，划啊，划起你的小船"的旋律中，校长先生非常巧妙地换上了"好——好——嚼啊"的歌词。很多巴学园的毕业生，在长大以后，还一直以为这个旋律本来就是饭前歌的。校长先生也许是因为自己的牙齿脱落了，才写了这首歌的吧。但其实更有可能的是，比起"好好嚼"来，校长先生认为更重要的是：吃饭的时候，应当花上一段时间，心情愉快地和朋友们交谈着，慢慢地吃。他一直这样教导孩子们。大概是为了防止孩子们忘记，校长先生才写了上面的那首歌吧。总之，大家大声地唱完饭前歌，然后说一声："我吃啦！"就开始向"海的味道、山的味道"进攻了。小豆豆当然也是一样。

一时间，礼堂里安静下来。

# 散 步

午饭后，小豆豆和大家在校园里蹦蹦跳跳地玩了一会儿，回到电车教室后，女老师对大家说：

“同学们今天学习得很努力，下午想干什么呢？”

还没等小豆豆想“嗯，我想干什么呢……”大家早已经异口同声地说：

“散——步！”

于是，老师说：

“好啊，那么走吧。”

说着，老师站了起来。小学生们赶紧打开车门，穿上鞋子，飞跑了出去。小豆豆虽然和爸爸，还有牧羊犬洛基一起散过步，但是从来不知道在学校里也可以出去散步，不由得吃了一惊。不过，散步本来就是小豆豆特别喜欢的，所以她也慌忙穿上鞋子。

后来小豆豆才知道，老师在早晨第一节课的时候，把一天里要学习的知识全部写在黑板上，如果大家都非常努力，上午就能把一天的学习计划都完成了的话，那么下午一般就可以去散步。从一年级到六年级，在这一点上都是一样的。

出了校门后，女老师走在中间，九名一年级的小学生沿着小河边走着。小河的两岸生长着成排的高大樱花树，就在不久前，樱花刚刚怒放过。现在视野所及，是一望无际的油菜花。如今，这条小河已经被填上了，自由之丘一带挤满了住宅和商店，但在当时，这里还几乎都是田野。

“我们是要去九品佛散步。”

穿着小兔子图案连衣裙的女孩说。女孩的名字叫“朔子”，朔子告诉小豆豆好多事情，像“以前在九品佛的水池边上，看到过蛇”啦，“九品佛的庙里有一口古井，曾经有流星落在井里”啦之类。

小学生们一边唧唧喳喳地说着话，一边向前走着。天空蓝蓝的，许许多多美丽的蝴蝶翩翩地飞舞着。

大约走了十分钟，女老师停下了脚步，指着黄色的油菜花，问：

“这是油菜花。油菜为什么要开花呢，大家知道吗？”

接着，老师讲起了雌蕊和雄蕊的知识。小学生们都蹲到了路上，观察油菜花。老师告诉大家，蝴蝶也在帮助花儿开放。确实，蝴蝶们都是一副忙忙碌碌的样子，真像是在给花朵帮忙呢。

然后，老师又向前走去。小学生们也结束了观察，站起

身来。不知是谁说了一句：

“雄蕊和红眼睛[1]不一样吧？”

小豆豆心想，“大概不一样吧”，但也不太确定。不过，雌蕊和雄蕊是很重要的，这一点大家已经非常明白了。

又走了大约十分钟，这回看到了一片茂密的小树林，那就是九品佛的寺庙所在了。

进到寺庙之后，大家唧唧喳喳地向自己喜欢的地方跑去。朔子说：

“我们去看有流星的井吧！”

小豆豆嗯了一声，就跟在朔子的身后跑过去了。说是一口井，但实际上有她们俩的胸口那么高，好像是用石头砌成的，还有一个木头做的井盖。两人拿下井盖，向下面望去，只见漆黑一片，使劲睁大眼睛看去，只见到模模糊糊的一大块东西，也不知是混凝土块还是石块。小豆豆想象中的闪闪发光的星星，却怎么也看不到。小豆豆把头钻到井里，过了好一会儿，才抬起头来，问朔子：

“你见过星星吗？”

朔子摇摇头：

“一次也没有。”

小豆豆思索起来：“为什么不发光呢？”想了一会儿，说：

“这会儿，也许星星睡着了吧？”

朔子的大眼睛睁得更大了：

---

① 日语中“雌蕊”、“雄蕊”和“红眼睛”这三个词的尾音相同，所以这个孩子有此疑问。

“星星也睡觉吗？”

小豆豆也不太有把握，飞快地说道：

“我想，也许星星是白天睡觉，晚上起床，亮闪闪地发光的吧？”

然后，大家一起看了哼哈二将的塑像，对着塑像的肚子笑个不停。而在昏暗的佛堂中，大佛的塑像却有点儿吓人，大家这么想着，偷偷地看了几眼，然后把脚放在留着天狗的大脚印的石头上，比较一下自己的脚和天狗的脚。在池边转悠的时候，大家冲着池里小船上的人喊：“你好。”在墓地的周围，大家捡起圆溜溜的黑色卵石，踢着玩跳方格的游戏……玩啊玩，大家差不多玩得心满意足了。特别是小豆豆，第一次出来散步，非常兴奋，每当有什么新发现，就会发出惊喜的叫声。

春日的太阳，已经有点儿西斜了，老师说：

“我们回去吧。”

于是，大家又走过油菜花和樱花树之间的小路，向学校走去。

对于孩子们来说，“散步”的时间是自由的，是可以尽情玩耍的时间。但实际上，散步时间却是可以学习理科、历史、生物等知识的宝贵时间，这一点，孩子们还没有察觉到。

小豆豆已经完全和大家成了朋友，感觉就像以前一直在一起的老朋友似的。所以，在回去的路上，小豆豆向大家大声提议说：

“明天，我们还来散步吧。”

孩子们都兴奋地跳起来，异口同声地说：

“就这么说定啦！”

蝴蝶仍然是忙忙碌碌的样子，远处近处都传来鸟儿悦耳的歌唱声。

小豆豆的心里被喜悦塞得满满的。

# 校歌

对于小豆豆来说，巴学园的每一天都充满了令人惊讶的新鲜事。

小豆豆仍然喜欢早早地到学校去，等待每天早晨的到来都是那么漫长。而且，每天放学回家后，她都要对着牧羊犬洛基还有爸爸妈妈说个不停，像什么“今天，在学校里做了什么，有多么有趣啦”，“真是大吃一惊啦”之类的，直到妈妈说：

“先歇一会儿再说吧，吃点儿点心怎么样？”

不然的话，她简直停不下来。而且，不管小豆豆对学校已经有多么熟悉了，她每天要说的话，还是有一大车那么多。

“不过，有这么多话可说，也是很难得的。”

妈妈从心里感到欣慰。

有一天，小豆豆在去学校的电车上，突然想起一件事：

"哎？巴学园有没有校歌呢？"

这么一想，她就巴不得早早地到学校去。明明还有两站路才到，但小豆豆已经站在了车门旁边，为了在电车到达自由之丘车站的那一瞬间，自己能够立刻跑出去，小豆豆做好了"预备，跑！"的准备动作。到了下一站，车门打开后，有一位阿姨刚想上车，看到一个小女孩在车门那里做好了"预备，跑！"的动作，以为她要下车了，但是看到这个女孩只是保持着这个姿势一动不动，不禁奇怪地说：

"到底是怎么了呢？"

一边说着，阿姨上了车。

就这样，等电车到站以后，小豆豆下车的迅速劲儿，简直无人可比。年轻的男乘务员用潇洒的姿势，从还未完全停稳的电车上，一只脚支到月台上，一边下车一边说：

"自由之丘站，请下车的乘客……"

这个时候，小豆豆的身影已经消失在检票口外了。

到了学校，小豆豆上了电车教室，立刻向先到的山内泰二君问：

"哎，泰二，你知不知道，咱们学校有没有校歌？"

喜爱物理的泰二，用沉稳的语调回答道：

"好像没有吧？"

"嗯？"

小豆豆一本正经地说：

"我觉得还是有校歌比较好。我以前的学校，就有一首很了不起的校歌。"

说着，小豆豆大声唱了起来：

“洗足池水虽清浅，能慰伟人之胸怀……”

这是以前学校的校歌，虽说小豆豆只在那儿待了几天，而且这首校歌对于一年级的小学生来说未免太难了些，但小豆豆倒是记得很准确。

（不过，小豆豆也只记得这一句了。）

听完之后，泰二显出很佩服的样子，轻轻地摇了两下头，说了声：

“噢——”

这时，别的同学也来了，大家对小豆豆唱的难懂的歌词，都显出又尊敬又向往的样子，说着：

“噢——”

小豆豆说道：

“哎，我们请校长先生写一首校歌怎么样？”

大家也都有这个想法：

“就是，请校长先生写一首吧。”

说着，大伙儿向校长办公室走去。

校长先生听了小豆豆的歌，又听了大家的心愿，说：

“好的，明天早晨一定写好。”

大家说了声：“那就一言为定！”就又纷纷地回教室去了。

第二天早晨，每一个班级都接到了校长先生的通知，要大家“全体到校园里集合”。小豆豆他们满怀期待，兴奋得心怦怦直跳。大家到校园里集合之后，校长先生站在校园的正

中央，拿出一块黑板，说：

“大家看，这就是我们的学校——巴学园的校歌！”

说着，校长先生在黑板上画出五线谱，写了下面这样的小蝌蚪：

然后，校长先生把手高高地扬起来，像指挥家那样，说：

“来，大家一起唱！”

说着，校长把手向下挥去。全校五十名学生都随着先生唱了起来：

“巴学园，巴学园，巴——学——园！”

“只有这些？”

趁着歌声停下的瞬间，小豆豆问道。校长先生很得意地回答：

“是啊！”

小豆豆大为失望，对校长先生说：

“再难一点就好了！就像‘洗足池水虽清浅……’这样的。”

先生脸红彤彤的，笑着说：

“不喜欢这一首吗？我倒觉得这个挺好的。”

结果，别的孩子们也说：

“这么简单的歌，还不如没有呢！”

也就是说，孩子们不肯接受这首校歌。先生看上去有点遗憾，但并没有生气，只是用黑板擦把校歌擦掉了。小豆豆觉得有点“对不起校长先生”，但是又想到“我们想要一首了不起的校歌，不想要这样的，这也是没有办法的呀”。

实际上，那首简单的校歌，饱含着校长先生“热爱学校、热爱孩子们”的感情，能把这种感情如此简练地表达出来的校歌，应该没有第二首了吧。可惜的是，孩子们还不能理解这些。后来，孩子们也都忘记了校歌的事。先生好像也觉得不需要了吧，因为他用黑板擦把校歌擦掉了。结果，巴学园始终没有校歌。

53 ………… 放回原处

# 放回原处

今天，对小豆豆来说，可是一个大大的辛苦日。因为她把自己最珍爱的钱包掉进了学校的厕所里。虽说钱包里一分钱也没有，但这个钱包本身却是小豆豆的心爱之物，是连上厕所也舍不得放下的宝贝。钱包是缎子质地的，有红色、黄色、绿色的格子图案，形状是平平的四方形，有一个三角形的舌头一样的盖子，在应当缝按扣儿的位置，缝的是一个银色的苏格兰小猎犬扣子，像胸针一样可爱。总之，那是一个非常漂亮的钱包。

小豆豆上完厕所以后，总习惯往下看一看，这真是一个奇怪的坏毛病，但她从小就这样。因为这个毛病，小豆豆上小学之前，已经掉了好几顶麦秆草帽啦、白色蕾丝帽啦什么的到厕所里。那时候的厕所不像现在这样是抽水式的，还都是掏取式的，下面就是水槽，帽子就漂浮在水槽里。所以，妈妈总是提醒小豆豆，“上完厕所以后，不要往下看”。

但是，这天上课前，小豆豆去了一次厕所，终于忍不住又往下看了看。就在这时，那个宝贝钱包“啪”的一下掉了进去，可能是本来就没放好的缘故吧。小豆豆惊叫一声：

“啊——”

再看的时候，下面黑糊糊的，钱包再也看不见了。

那么，小豆豆这时又是什么反应呢？她没有哭泣，也没有干脆放弃，不要那个钱包了，而是立刻跑到校工叔叔放工具的库房里，扛了洒水用的长把舀子出来。小豆豆还很矮小，舀子的长把足有两个小豆豆高，但这没有关系。小豆豆在校园深处转来转去，寻找厕所的掏口。本来以为会在厕所外墙的附近，但怎么找也找不到。好不容易，小豆豆发现在离外墙一米左右的地面上，有一个圆形的混凝土盖子。这个无论如何该是掏口了吧，小豆豆这么判断。总算使劲地把盖子移开了，下面立刻出现了一个深深的洞口，果然就是厕所的掏口。小豆豆趴下看了看，说：

“好像有九品佛的水池那么大啊。”

于是，小豆豆开始了她的浩大工程，她把长把舀子伸到掏口里面，向外面舀起来。一开始，小豆豆估计一下钱包掉落的位置，尽可能地舀那附近的，但是便池又深又黑，而且厕所是分成三间的，下面却只有一个池子，可以想见便池非常大。所以，如果小豆豆的头探得太深，就有掉进去的危险。于是，小豆豆也顾不得是哪个方位了，只管挖起来。挖出来的东西，就堆在掏口周围。当然，每挖出一舀子，小豆豆都

要检查一下钱包会不会混在里面。本来以为很快就会找到钱包，但钱包好像藏在什么地方了，总是不肯露面。这时候，上课的铃声响了。“怎么办呢？”小豆豆想，“好不容易干到这里了……”于是决定索性继续干下去，而且比刚才干得更卖力了。

舀出来的东西已经堆成了一座小山。这时，校长先生走过这条小路。他看到小豆豆正在忙活着，问：

“你在干什么呢？”

小豆豆顾不得停下手里的活儿，一边舀一边回答：

“我的钱包掉到池子里面了。”

“是吗？”

说着，校长先生把手背在身后，就像平时散步那样，又走开了。

过了一会儿，钱包还是没有出现，地上的小山却越来越高。这时，校长先生又走了过来，问：

“找到了吗？”

小豆豆满头大汗，脸也红彤彤的，被围在小山当中，回答说“没有”。先生稍微把脸凑近了小豆豆的面孔，像好朋友似的说：

“弄完以后，要把这些全都放回去，啊。”

说完，他又像刚才那样走开了。

“嗯——”小豆豆精神十足地回答，又继续干起活儿来。突然，小豆豆想起一件事来，她看了看那座小山：

“干完以后，会把这些都弄回去的。但是，地上的水怎么办呢？”

确实，小山里的水分不断地向地面渗下去，已经看不见了。小豆豆停下来，思考着怎么才能把渗到地面下的水分，按校长先生嘱咐的那样全部放回去。思考的结果是：把渗进了水的土也放回去一些，就可以了。

结果，地面上堆起了一座挺高的小山，便池几乎被掏空了，但那个钱包仍然无影无踪。也许钱包紧紧地贴在了便池的边上，或者是落在池底了吧。但是，这时小豆豆已经觉得“即便钱包没有了，也挺满意的”，因为自己干了这么多的活儿。实际上，在小豆豆的满足之中，还有一点是因为“校长先生对我做的事没有生气，很信任我，把我当作一位很有人格的人来尊重”。不过，当时的小豆豆还意识不到这么复杂的心理活动吧。

一般来说，大人们要是看到了小豆豆在做的事，会说“在干什么蠢事呢”或者“太危险了，快停下”。或者也会有态度截然不同的大人说“我来帮你吧”。但是，只说一句“弄完以后，要把这些全都放回去”的，除了校长先生，不会再有第二个人了。所以，当妈妈听小豆豆说了这件事，由衷地赞叹校长先生“真是一位了不起的人”。

经过这件事，小豆豆上厕所的时候，再也不往下看了。而且，她觉得校长先生是一位“可以真心信赖的人”，所以，她比以前更加喜欢校长先生了。

小豆豆按照和校长先生约好的那样，把那座小山完全放回了原来的便池中。往外挖的时候非常吃力，但是往里送的

时候却很快就干完了。然后，小豆豆用舀子铲下一层渗进了水分的泥土，也送进便池里。最后，她把地面弄平整，把混凝土的盖子盖上，一切都像原来一样，把长把舀子也照样送回工具房。

那天晚上，睡觉之前，小豆豆又想起了掉进黑暗中的漂亮钱包，还是觉得有些可惜。但是她白天干了好多活儿，已经十分疲倦，所以很快就睡着了。

那时候，小豆豆奋战过的地面还有些潮湿，在月光下，好像是什么美丽的东西那样，闪闪地发着光。

那个漂亮的钱包，也一定静静地待在某个地方。

## 名字的由来

小豆豆真正的名字叫“彻子”。为什么要取这么个名字呢？原来小豆豆出生之前，她的亲戚们，还有爸爸妈妈的朋友们，都异口同声地说：

“一定是个男孩子！”

爸爸妈妈是第一次有孩子，非常相信他们的话，于是给孩子取名为“彻”。可生下来一看，却是一个女孩。名字都取好了，爸爸妈妈不免有点儿为难，但两个人都很喜欢“彻”字，不想放弃，于是，他们立刻决定在后面加上一个“子”字，这就成了“彻子”。

小豆豆小的时候，周围的人都叫她“小淘淘”①。不过小豆豆本人却不这么认为，每当有人问她：

---

① 小豆豆的本名叫“彻子”，日语发音为“TetsuKo”，昵称为“TeKo”，与“淘淘”（ToTo）音很相近。

“你叫什么名字呢？”

小豆豆总是回答：

“小豆豆。”

这不光是因为小孩子吐字不清，还有一个原因是小孩子知道的词语不多，会把别人说的话，按照自己的理解去听。比如小豆豆小时候的玩伴——一个小男孩，非得把“肥皂泡”叫作“肥叫泡”，还有一个小女孩总是把“护士”叫成“父士”。就像这样，小豆豆每次听到人家叫她：

“小淘淘，小淘淘！”

小豆豆总是以为人家叫的是“小豆豆，小豆豆”，甚至，她连“小”字也以为是自己的名字。只有爸爸例外，他不知从什么时候开始，称小豆豆为：

“豆豆助。”

不知道为什么要叫“豆豆助”，反正，只有爸爸一个人这么叫，比如：

“豆豆助，帮爸爸捉玫瑰花上的象鼻虫好不好？”

结果，直到小豆豆上了小学，除了爸爸和牧羊犬洛基之外，所有的人都叫她“小豆豆”。小豆豆在笔记本上写上了“小淘淘”，但是她仍然以为那就是别人口中叫的“小豆豆”。

# 落语①

小豆豆昨天非常失望，因为妈妈对她说：

“以后，不要再听收音机里的落语故事了。”

那时候的收音机体形非常大，用木头做成，一般是长方体，顶是圆的；正面是喇叭，蒙着粉红色的绸布，中央雕刻着蔓藤图案的花纹，只有两个旋纽，造型非常优雅。小豆豆喜欢在上学之前，把耳朵贴到收音机的粉红绸布上听落语故事。小豆豆觉得落语简直太有趣了。而且，直到昨天，妈妈对小豆豆爱听落语这件事，从来没说过什么。

昨天晚上，爸爸乐团里的同事们为了练习弦乐四重奏，聚在小豆豆家的客厅里。妈妈告诉小豆豆，拉大提琴的橘常

---

① 落语是日本的一种曲艺，一般是由一人表演，内容多讲滑稽故事，以逗人发笑，类似我国的单口相声。文中小豆豆说的那句话的口气应该是听落语学来的。

定先生，给小豆豆“带来了香蕉做礼物”。小豆豆大喜过望，结果竟然说出这么一句话——

那就是，小豆豆接过香蕉，恭恭敬敬地鞠了一个躬，对橘先生说：

“娘啊，这家伙，还挺够哥儿们的！”

从此以后，小豆豆想听落语的时候，只能趁着爸爸妈妈出门后，悄悄地偷着听了。如果艺人说得很有趣，小豆豆就会哈哈大笑。要是哪个大人看到这幅景象，大概会奇怪“这么小的孩子，能听懂这么难的话吗？”但是，实际上，小孩子不管看上去有多么小，对真正有趣的事情，是绝对能够听懂的。

## 电车来了！

今天，午休的时候，美代告诉大家：

“今晚，会有一辆新的电车，到咱们这儿来！”

美代是校长先生的三女儿，和小豆豆是同班同学。

校园里已经摆了六辆当教室的电车，现在又要再来一辆了，而且，听美代说，这一辆是“当图书室的电车”。大家立刻兴奋起来，不知谁说了一句：

“电车是从什么地方跑到学校里来的呢？”

这真是一个很棒的问题。

孩子们静了一会儿，然后有人说道：

“我想它是先走大井町线的铁路，然后在道口的地方拐向咱们学校。”

有人接口说：

“这么说，它就像是脱轨的那样子啦？”

又有一个说：

“也许是用拖车运来的吧？”

但是立刻有人提出质疑：

“你觉得有那么大的拖车吗？能装得下电车？”

“这个嘛……”

大家再也想不出还有什么办法了。确实，能够装得下那么大电车的拖车或卡车什么的，只怕还没有呢。

“噢，我想是……”

小豆豆想了半天，终于有了一个主意：

“会不会是把电车的铁轨一直铺到学校来？”

有人问：

“从哪里开始铺呢？”

“从哪里？嗯，我想，就从电车现在停的地方……”

小豆豆虽是这么说，但心里也觉得这似乎并不是个好主意。

因为，并不知道电车现在停在哪里，而且，要是笔直地把电车轨道铺到学校来，那就要把沿途的房屋什么的都拆掉，这不大可能吧。

大伙儿说了半天，觉得这个也不对，那个也不对，最后，大家决定：

“今晚不回家了，我们就在这里看电车是怎么来的。”

美代被推举为代表，去问她爸爸——校长先生：大家可不可以晚上一直待在学校里？过了一会儿，美代回来了，说：

“据说电车要到深夜才能来，因为要等到会跑的电车全部下班了才行。不过，如果有人实在想看的话，要先回家问一问家长，如果家里人说可以，就可以在晚饭后，带了毛毯和睡衣到学校来。”

“哇——”

大家更加兴奋了。

“要带睡衣？”

“还要带毛毯？”

那天下午，大家学习的时候，已经安不下心来了。下课后，班上的孩子一个个像是出了膛的炮弹一样，向家里冲去。大家还互相祝愿都能够有好运气，可以带着毛毯和睡衣回来集合……

一回到家，小豆豆就对妈妈说：

“电车要来了，不过到底怎么来，还不太清楚。要带睡衣，还有毛毯，嗯，我可以去吗？”

能从这些话里听懂到底是怎么回事的妈妈，恐怕还没有吧。小豆豆的妈妈也没听明白，不过，从小豆豆认真的样子来看，肯定是出了什么不同寻常的大事。

妈妈又问了小豆豆好几句，渐渐总算明白了小豆豆要说的是什么意思，知道要发生什么事了。妈妈认为，能让小豆豆见见这种事情的机会非常少，还是让她去看一看为好。而且，妈妈甚至觉得“我也想看看呢”。

妈妈准备好小豆豆的睡衣和毛毯，吃过晚饭后，亲自把小豆豆送到了学校。

聚集在学校的学生一共有十来个，其中还有几个是听到

消息后赶来的高年级学生。除了小豆豆的妈妈，另外两位妈妈也亲自把孩子送来了。妈妈们说“也想看看”，但还是把孩子托付给校长先生后就回家了。

“电车来了，我会叫你们的。”

听校长先生这么说，大家就来到礼堂里，裹着毛毯睡觉了。

“电车会是怎么样来的呢？想到这个，晚上也睡不着呀！”孩子们虽然这么想，不过他们毕竟是从白天开始，一直兴奋了这么久，大家都很累了。

“一定要叫醒我啊。”

说着，孩子们渐渐地都困了，终于不知不觉地睡着了。

“来了！来了！”

耳边听到吵吵嚷嚷的声音，小豆豆一骨碌爬起来，穿过校园向大门跑去。这时候，电车正好在蒙蒙晨雾中显露出它那巨大的轮廓。真像做梦一样！并没有什么电车轨道，就在普通的道路上，电车悄无声息地驶了过来。

这辆电车是从大井町的调车场，由牵引车运来的。小豆豆他们亲眼看到了比拖车大得多的巨大牵引车，这是以前他们没见过的，令他们激动万分。

就是这辆巨大的牵引车，缓缓地驶过黎明时分空荡荡的街道，把电车运到了学校里。

但是，接下来的工作才叫大费力气，那时还没有大型起重机，要把巨大的电车从牵引车上卸下来，或者说挪下来，再放到校园预定的一角，真是一个艰巨的工程。运送电车来的

大哥哥们，在电车下面垫上了好几根粗大的圆木，让电车在圆木上一点儿一点儿滚动，慢慢地把电车从牵引车上卸到了校园里。

"好好看看，那个叫作'滚轴'，利用滚动，就能够移动那么大的电车。"

校长先生向孩子们解释道。

孩子们认真地看着。

仿佛合着大哥哥们"嗨哟嗨哟"的节拍，朝阳也冉冉升了起来。

这辆电车曾经载着好多人，急急忙忙地奔跑着，但现在，它和校园里的那六辆电车一样，车轮已经卸掉了。从今以后，它不必再忙碌地跑来跑去，只要悠闲地听着孩子们的欢声笑语就好了。

孩子们穿着睡衣站在清晨的阳光里，能够身临其境，亲眼看到这幅情景，孩子们从心里感到幸福。他们实在太高兴了，一个个欢呼雀跃，扑到校长先生身上，搂住他的肩膀和胳膊。

校长先生被孩子们弄得摇摇晃晃的，高兴地笑了起来。看到先生的笑脸，孩子们更加活泼了，也开心地嘻嘻哈哈笑起来。每个人的脸上都带着笑容。

大家永远也不会忘记这快乐的一刻。

# 游泳池

对小豆豆来说，今天可是个值得纪念的日子。因为，今天小豆豆生平第一次在游泳池里游泳了，而且，是完全光着身体游的！

这是今天一大早的事。校长先生对大家说：

“天气突然热起来了，该把游泳池里放满水了。”

“哇——”

孩子们高兴得跳了起来。小豆豆他们这些一年级的小学生，当然也“哇——”地欢呼起来，而且比高年级的哥哥姐姐们跳得还要高呢。巴学园的游泳池并不是普通的四方形的，可能是顺着地势建造的缘故吧，它的两头略窄一些，像一艘船的模样。但是池子本身很宽阔，非常气派，位置就在教室和礼堂的正中间。

上课的时候，小豆豆他们也兴奋得安不下心来，悄悄地从电车窗口朝游泳池张望了好几次。游泳池没有注水的时候，像个落满了枯叶的运动场，但打扫干净注上水以后，一下就变成一个气派的游泳池了。

总算盼到了午休时间，大家集中到游泳池周围，校长先生说：

“好，我们先做体操，然后就游泳，好吗？”

小豆豆心想：虽然自己不太确定，但好像游泳是要穿泳衣的吧？记得和爸爸妈妈去镰仓海里游泳的时候，不仅带了泳衣，还有救生圈什么的，有不少东西呢。今天，老师有没有说过要带这些东西来呢……

校长先生好像知道小豆豆的心思似的，说道：

“不用担心没带泳衣，大家到礼堂去看看吧。”

小豆豆和一年级的同学们跑到礼堂，原来高年级的哥哥姐姐们正在闹哄哄地脱衣服呢。脱完衣服之后，他们就像洗澡时那样全裸着，一个接一个地跑了出去。小豆豆他们也赶紧照样脱了衣服，暖暖的风吹过来，光着身体的感觉真是好舒服。跑出礼堂，站到台阶上的时候，校园里的孩子们已经开始做准备体操了。小豆豆他们赶紧光脚跑下台阶。

游泳老师是美代的哥哥，也就是校长先生的儿子，他是一位体操专家。但他并不是巴学园的老师，而是一所大学游泳队的选手，说起他的名字，原来和小豆豆他们的学校一样，也叫“巴”。只有巴穿着泳衣。

做完了体操，又在身上浇些水，小学生们就扑通扑通地跳到池子里了，一时间，“嘻嘻——”、“呀——”、“哈哈——”

闹成一片。小豆豆看到，大家跳下去之后都能够在池子里站起身，于是也跳了进去。和洗澡的时候不一样，澡盆里都是热水，而游泳池里却是凉水。不过，游泳池非常大，无论手怎样伸展，感觉到处都是水。

瘦弱的孩子也好，胖胖的孩子也好，男孩也好，女孩也好，全都像刚生下来时那样光着身子。大家笑着闹着，吵着叫着，在水里尽情地嬉戏。小豆豆想："在游泳池里真是有趣，好舒服啊。"又觉得不能和牧羊犬洛基一起来，未免有些遗憾。要是洛基知道不穿泳衣也可以游泳的话，它一定会跳到游泳池扑通扑通吧。

校长先生让孩子们不穿泳衣也可以游泳，这并不是一条规定，如果有人带了泳衣来，当然可以穿上泳衣再游。而像今天这样突然决定"游泳吧"，大家都没有什么准备，那就光着身子游，也没有什么不合适的。为什么要光着身体呢？那是因为"如果男孩和女孩觉得对方和自己的身体不一样，是很奇怪的事，那就不好了"，而且先生认为"在别人面前拼命地掩藏自己的身体，是不自然的事"。校长先生想告诉孩子们：

"无论什么样的身体，都是美丽的。"

在巴学园的孩子们之中，有像泰明那样曾患过小儿麻痹症的孩子，也有身体极为矮小的孩子，像这样身体有障碍的孩子有好几个。但当大家都光着身子一起玩耍的时候，这些孩子对自己身体的羞耻感就在不知不觉间消除了，这样就不会使他们怀有自己比不上别人的"劣等意识"。校长先生是这

样考虑的，而事实也的确如此：那些身体上有障碍的孩子一开始还很害羞，但是不一会儿他们就放松了，快乐的感觉占了上风，而“真让人害羞”之类的想法，不知什么时候已经给抛到九霄云外了。

不过，有的学生的家人还是有些担心，会告诫孩子“一定要穿泳衣”，并且让孩子把泳衣带到学校来。但这些孩子到了学校里，看到有的同学——比如像小豆豆这样的——一开始就认为“光着身体游舒服”，还有的同学“忘记带泳衣了”，而大家都在快快活活地光着身体游泳，自己也不由得一起光着身子游了起来。结果，等要回家的时候，他们只好慌慌张张地往泳衣上浇些水，把泳衣弄得湿湿的，好向家里人交代。因为光着身体游泳的缘故，巴学园的孩子们全身都晒得黑黑的，几乎没有人身上有穿泳衣留下的白色痕迹。

# 成绩单

背上的双肩书包“啪嗒啪嗒”响着，小豆豆从车站快步往家里跑去，一路上目不斜视，乍一看，真像是发生了什么重大的事。实际上，自从出了学校的大门，小豆豆一路上都是这个样子。

回到家里，小豆豆推开门，一边说着“我回来啦”，一边寻找洛基。洛基正在阳台上，把肚皮紧紧地贴在地上乘凉。小豆豆默默地坐到洛基面前，把双肩书包从背上脱下来，从书包里取出成绩单。这是小豆豆的第一张成绩单，她把成绩单拿到洛基的眼前打开，估计洛基正好可以看清楚，然后有点骄傲地说：

“看一看？”

成绩单上“甲”呀“乙”呀写了好多字，不过小豆豆自己也不太清楚是“甲”比“乙”好些，还是“乙”比“甲”好

些。对于洛基来说，当然就更难判断了。不过，小豆豆觉得，第一张成绩单自然一定要最先给洛基看一看，而且，洛基肯定也会非常高兴。

洛基看了看眼前的这张纸，又闻了闻纸的味道，然后一动不动地盯着小豆豆的脸。小豆豆说：

“还不错吧？汉字有点儿多，我想对你来说，可能太难了点儿吧。”

洛基动了动脑袋，像是要再好好看看成绩单，然后舔了舔小豆豆的手。

小豆豆站起来，很满足地说：

“好啦，现在去给妈妈他们看看。”

小豆豆走了以后，洛基也站了起来，好像要找一个更凉快一点儿的地方，然后慢慢地坐下，缓缓闭上眼睛。洛基闭上眼睛的样子，任何人见了，都会觉得它是在思考这张成绩单的问题。

## 暑假开始了

“明天要搭起帐篷露营。请带上毛毯和睡衣，傍晚到学校集合。”

小豆豆从学校带来这么一封信给妈妈，信是校长先生写的。从明天开始就是暑假了。

“什么叫露营？”

小豆豆问妈妈。妈妈也正在考虑这个问题，回答道：

“可能是到外面的什么地方支起帐篷，在帐篷里睡觉吧。因为睡在帐篷里，睡觉的时候，可以看到星星、月亮。不过，在什么地方支帐篷呢？信上没说需要交通费，那应该是在学校附近了。”

这天晚上，小豆豆上床之后，仍然在考虑露营的事情。稍微有点儿害怕，但是很有冒险的感觉，真是好激动。想到这里，小豆豆的心不由得怦怦直跳，总也睡不着。

第二天，小豆豆一睁开眼，就开始动手准备露营的行李。傍晚的时候，妈妈在装了睡衣的登山包里面，又放进一条毛毯。好沉啊！小豆豆感觉要被压倒了，不过她还是向爸爸妈妈道了声“再见”，就出发了。

孩子们在学校里集合之后，校长先生说：

“请大家都到礼堂去。”

于是，大家集中到礼堂里，校长先生把一件硬邦邦的东西拿到了小讲坛上。原来那是一顶绿色的帐篷，校长先生把帐篷展开，说：

“下面我来教大家怎么支帐篷，要仔细看啊。”

然后，先生就一个人吭哧吭哧地忙活起来，拉一下这边的带子，竖一下那边的架子，一眨眼的工夫，一顶漂亮的三角形帐篷就支起来了。先生说：

“怎么样？下面轮到你们了，在礼堂里支起好多顶帐篷，我们就在这里露营！”

妈妈的想法和大多数人一样，以为会露天支帐篷，但校长先生的考虑却与众不同。

“在礼堂里露营的话，即使下雨啦，或者夜里冷起来，都没有关系。”

孩子们七嘴八舌地嚷着：“露营啦！露营啦！”一边几个人一组，在老师们的帮助下，在礼堂的地板上搭起了好多顶帐篷，足够睡下所有的人。每一顶帐篷大约可以睡三个人。小豆豆匆匆忙忙换上睡衣，在好多帐篷口钻进钻出，玩得心满意足。大家也和小豆豆一样，纷纷去拜访别的帐篷。

等所有人都换上睡衣之后，校长先生坐在正中央，以便每一个孩子都看得见自己，然后给孩子们讲起他在外国旅行的故事来。

孩子们有的躺在帐篷里，从帐篷口伸出半个脑袋，有的端端正正地坐着，有的把头倚在高年级的哥哥姐姐们的膝盖上，听校长先生讲他的故事。那些遥远的地方，孩子们不要说去过，连听都没听说过。先生的故事非常新奇，有的时候，孩子们甚至觉得，在遥远的大洋彼岸生活着的孩子，简直就像是自己的朋友一样。

就是这么简单的一次露营（在礼堂里搭起帐篷，睡觉……），对孩子们来说，却是一生中难以忘却的开心记忆，是非常宝贵的经历。校长先生的确深深地知道孩子们喜欢的到底是什么。

先生的话说完了，礼堂的电灯也熄灭了，大家纷纷钻进帐篷里。

从那边帐篷里传来笑声，从这边帐篷里传来窃窃私语，接着，对面帐篷里又有人扭成一团……渐渐地，礼堂安静了下来。

既没有星星，也没有月亮的露营。但是孩子们在小小礼堂里的露营，却使他们从心底感到满足。

那天晚上，天上繁星闪烁，月光如水，温柔地包裹着礼堂，那光辉仿佛永远在闪耀。

# 大冒险

在礼堂露营后的第三天，终于迎来了小豆豆大冒险的日子。这一天，小豆豆和泰明有一个约定，这对爸爸妈妈以及泰明的家里人都是保密的。那么，这个约定到底是什么呢？那就是“请泰明上小豆豆的树”。说是“小豆豆的树”，其实是巴学园校园里的树。巴学园的小学生们都在校园的这儿那儿，定下了自己专用的树，爬树的时候只爬这一棵。小豆豆的那棵树在校园的一个角落，靠着篱笆，正对着通往九品佛的小路。那棵树很粗，爬起来滑溜溜的。小心地爬上去，在离地两米高的地方分成两个大枝，分杈的地方就像吊床一样。小豆豆在课间休息的时候，或者放学以后，经常坐在那里，看看远处，眺望一会儿天空，或是看看路上的行人什么的。

因为大家都定下了每个人专用的树，如果有的孩子想爬别人的树，就要说一声：

“不好意思，我打扰了。”

等人家同意，才能爬别人的树，这就是小学生们“自己的树”的来历。

不过，泰明因为患过小儿麻痹症，从来没有爬过树，也就没有“自己的树”。所以小豆豆决定今天请泰明爬她的树，已经和泰明约好了。要对别人保密，是因为小豆豆认为“大家都会反对这件事的吧”。所以，小豆豆出门的时候，对妈妈说的是：

“我要去田园调布①，是去泰明的家里。”

因为是在说谎话，小豆豆尽量不看妈妈的脸，而是低头看着鞋带。不过，对送自己到车站的洛基，小豆豆却是说了实话：

“我是请泰明爬我的树呢。”

脖子上挂着的月票“啪嗒啪嗒”响着，小豆豆来到了学校。这时候，泰明正站在花坛旁边。因为正值暑假，校园里一个人影也看不到。泰明只比小豆豆大一岁，但他说话的神情却显得比小豆豆大好多。

泰明一看到小豆豆，立刻拖着一条腿，张开双臂向小豆豆跑来。小豆豆想到这个谁也不知道的秘密冒险，非常开心，看着泰明，“嘻嘻，嘻嘻”地笑了起来。泰明也笑了。小豆豆先把泰明领到自己的树前，然后跑向校工叔叔的工具房，这是她昨晚就想好了的。从工具房里，小豆豆拖来一个梯子，把

① 田园调布是地名，在日本东京。

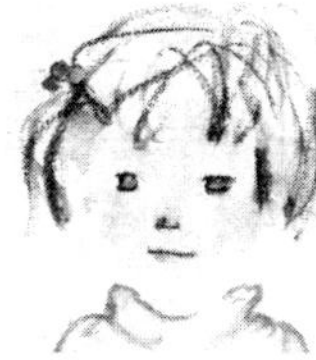



梯子架在大树分杈的地方，然后自己嗖嗖地爬上去，在树上按住梯子，冲着下面喊道：

“好啦！你也上来吧。”

但是泰明的手和脚都没有力气，一个人怎么也登不上梯子的第一级。于是小豆豆又飞快地转身下了梯子，从后面托着泰明的臀部，使劲地把他往梯子上推。可是小豆豆毕竟太瘦小，从后面托住泰明就很吃力了，哪还有力量再去按住要滑动的梯子？泰明把脚从梯子上挪下来，默默地站在梯子前，低下了头。小豆豆这才发现，事情比自己想象的要难得多。

“怎么办呢？”

但是，无论怎么做，一定要实现泰明的心愿，让他爬上自己的树。小豆豆转到泰明的跟前，鼓起腮帮子，对悲伤起来的泰明做了一个鬼脸，快活地说：

“等一下，啊，我有好办法了！”

说着，小豆豆又跑向工具房。一边想着“有没有什么好办法呢”，一边把各种工具都拖出来看一看。终于，她发现了梯凳。

“这个梯子，不会到处滑，即使不按住也没关系。”

于是，小豆豆把梯凳拖到了大树跟前。小豆豆从来没有发现，原来自己竟有这么大的力气！把梯凳支起来一看，差不多正好到大树分杈的地方。接着，小豆豆说道：

“这样好吗？别害怕，这一次不会滑了。”

听小豆豆的语气，仿佛她是泰明的姐姐似的。泰明担心地看了看梯凳，又看了看满头大汗的小豆豆。这个时候，泰

明的身上也被汗水湿透了，他抬起头来，看了看大树，然后下定决心，抬腿向第一级迈去。

从第一步到泰明登上梯凳的最高一级，总共用了多少时间，泰明和小豆豆都不清楚。在夏日阳光里，两个人什么都不想。总之，只要泰明登上梯凳的最高一级就行了。小豆豆跟在泰明的后面，用手抬泰明的脚，用头顶住泰明的屁股。泰明也用尽了全力，一点儿一点儿地，终于爬到了梯凳的顶部。

“万岁！”

但是，下一步却艰难得让人绝望。小豆豆跳上大树的分杈处，但是不管她怎么用力拉，也没办法把梯凳上的泰明拉到大树上。泰明抓住梯凳，看着小豆豆。这时，小豆豆几乎要哭出来：

“不应该是这样的！我想请泰明到我的树上来，想让他看到好多东西……”

但小豆豆没有哭，因为她想，如果自己一哭，泰明一定也会哭的。

小豆豆拉过泰明的手。由于患过小儿麻痹症，泰明的手指是弯曲的。比起小豆豆的手来，泰明的手指修长，手也比小豆豆的大得多。小豆豆握了一会儿泰明的手，说：

“你就像睡觉那样躺下来，我来拉拉看。”

这时候，如果有大人看到趴在梯凳上的泰明，还有站在分杈的大树上拉他的小豆豆，大人一定会惊叫起来，因为两个孩子看上去都摇摇欲坠。

但泰明已经非常信任小豆豆，而小豆豆在此刻，也拼命

努力着。她的小手紧紧地握住了泰明的手，用尽全身的力量，把泰明往树上拖。

积雨云不时替他们遮住夏日强烈的阳光。

终于，两个人面对面地站到大树上了。小豆豆一边用手理着汗淋淋乱糟糟的头发，一边鞠躬说：

“欢迎光临。”

泰明倚在大树上，有些羞涩地笑着，答道：

“打扰了。”

对泰明来说，这是第一次在树上看风景，他高兴地说：

“我知道了，原来爬树是这样。”

两个人在树上待了好久，说了许多话。泰明热切地说：

“我听在美国的姐姐说，美国有一种叫作电视机的东西。如果日本也有这东西，在家里就能看到国技馆里的相扑比赛了。据说就像一个盒子那样。”

泰明要出一趟门，是非常吃力的，如果在家里就能够看到各种东西，那该是多么快乐的事啊。不过小豆豆还理解不到这一层，她想：

“从盒子里就能够看到相扑，是怎么回事呢？相扑力士们那么大，怎么能来到我家里，还钻到盒子里去呢？”

想了半天，总觉得这是很奇怪的事。那时候，还没有人知道电视机是什么东西。第一个告诉小豆豆电视机这种东西的人，就是泰明。

周围传来阵阵的蝉鸣。两个人都感到惬意极了。

而对泰明来说，这是他第一次，也是最后一次爬树。

## 试胆量

“又可怕、又臭、又好吃的，是什么？”

这个谜语，小豆豆他们已经猜了好多遍，但仍然觉得非常有趣。大家明明知道答案，但还是说：

“哎，那个‘又可怕……’的谜语，猜猜看？”

这样互相出谜语来猜，大家都觉得很开心。谜底是：

“鬼在厕所里吃包子。”

今天晚上巴学园的“试胆量”活动，结果就像这个谜语那样：

“又可怕、又痒、又好笑的，是什么？”

在礼堂里搭帐篷露营的那个晚上，校长先生说：

“晚上要在九品佛的寺庙里，做一个‘试胆量’的活动，想做妖怪的人请举手。”

顿时，大约有七个男孩争着当妖怪。结果，当天傍晚，大家集中到学校里的时候，要当妖怪的男孩们拿出各自做的妖怪衣服，说：

“这回可要吓你们一大跳啦。”

然后妖怪们就埋伏到九品佛庙里的某个地方了。剩下大约有三十个孩子，五个人分成一组，大家错开时间，一组一组地分别从学校出发，到九品佛的寺庙和墓地里转上一圈，再回到学校来。校长先生解释说：

“这是为了试一试大家能够忍受多大的恐惧，虽说是‘试胆量’活动，但如果害怕了，中途回来也没有关系。”

小豆豆从妈妈那里借来了手电筒，妈妈说“不要弄丢了”。男孩中有的说“要抓住妖怪”，带来了捉蝴蝶的网，也有的说“要绑住妖怪”，带来了绳子。

校长先生说完以后，大家猜拳来决定分组。忙忙乱乱之中，天色暗了下来。终于到了第一组出发的时间。

“可以出发了。”

大家非常兴奋，唧唧喳喳地跑出校门。接着，一组一组地，终于轮到了小豆豆他们这一组了。

“虽然老师说过，在去九品佛的路上不会有妖怪出现，可是真的不会出现吗？”

大家提心吊胆地走着，总算到了庙的入口处，看到了哼哈二将的塑像。晚上的寺庙里，虽然有月亮，但也显得很昏暗。平时寺庙宽阔的院子让人觉得心旷神怡，可是今天晚上，不知道会从什么地方钻出妖怪来。孩子们一想到妖怪，不由得心惊胆战，却又不知该怎么办。风轻轻地吹动一下树梢，大家就惊得“啊”一声大叫，脚下踩到一个软绵绵的东西，也大叫：“妖怪来了！”最后，连手拉手的同伴们，也互相怀疑：“是不是妖怪呢？”小豆豆决定不去墓地了，因为妖怪一定会在墓地那儿等着，而且现在已经充分了解了什么是“试胆量”，还是回去为好。很巧的是，同组的伙伴们都是这个想法，小豆豆松了口气，暗想“太好了，不光是我自己想回去”。于是，大伙儿一溜烟地跑了回去。

回到学校后，先出发的几组已经回来了，大家都因为太害怕了，几乎没有人敢走到墓地那里。

这时候，一个头上缠着白布的男孩呜呜地哭着，被老师领了进来。这个男孩装成妖怪，蹲在墓地里等着大家，等啊等，可是谁也没有去。渐渐地，他自己也害怕起来，终于忍不住从墓地里跑了出来，站在路上呜呜地哭，被巡查的老师发现，领了回来。大家正在安慰这个男孩时，又走进一个“妖怪”和另一个男孩。原来装成妖怪的孩子发觉有人走进墓地，急忙奋力跳了出来，正要大叫“妖怪！”谁知正好和迎面跑来的一个男孩撞了个满怀。两个人都吓了一大跳，加上又撞得好痛，于是呜呜地哭着，一起跑了回来。大家觉得很好笑，加上终于不必再害怕了，都安下心来，嘻嘻哈哈地笑了起来。装成妖怪的孩子一边哭，一边却又忍不住笑了。这时候，和小豆豆同班的右田君戴着报纸做成的鬼脸，也跑回来了，一边还说着：

“太过分啦，我还一直在等着你们哪！”

说着，他嗤嗤地挠着被蚊子叮了的手脚。看到这幅情景，

不知谁说了一句：

“妖怪被蚊子吃啦！”

大家又笑了起来。五年级的班主任丸山老师说：

“好了，我去把剩下的妖怪们都带回来吧。”

说着，丸山老师走了出去，不一会儿就把“妖怪们”全部带了回来。原来有的“妖怪”正在外面路灯下，慌里慌张地四处张望，有的“妖怪”则被吓得往家里跑。

从这天晚上以后，巴学园的小学生们就不再害怕妖怪了。因为，他们知道了，妖怪自己原来也害怕呢。

## 排练场

小豆豆端端正正地走着，牧羊犬洛基也规规矩矩地走着，偶尔抬头看看小豆豆的脸。每当出现这种情形，他们一定是要去爸爸的排练场偷看。平时小豆豆总是匆匆忙忙地跑来跑去，或者东张西望地走来走去，仿佛掉了什么东西似的，再不然就是钻过别人家的一个个院子，在篱笆那里拱来拱去。总之没有闲下来的时候。所以，像现在这样端端正正地走路，着实十分稀罕。一旦小豆豆摆出这个样子，知情人一看就明白，“要去排练场了吧”。从小豆豆的家走到排练场，只有五分钟的路程。

小豆豆的爸爸是乐团的首席小提琴手。说到首席小提琴手，自然是拉小提琴的了。不过让小豆豆感到有趣的是，有一次她被带去看爸爸他们乐团的演奏会，演奏结束时，观众们都鼓起掌来。这时，满头大汗的指挥叔叔转身面向观众。他

走下指挥席，立刻同小豆豆的爸爸握手。小豆豆的爸爸坐在离指挥最近的乐席上，当爸爸站起来之后，整个乐团的成员一齐站了起来。小豆豆小声问道：

“为什么要和爸爸握手呢？”

妈妈告诉她：

“因为爸爸他们努力地演出。指挥和爸爸握手，是要爸爸代表整个乐团，接受他向乐团的所有人表示‘感谢’。”

小豆豆很喜欢排练场，因为在学校里看到的都是孩子，这里却集中了好多大人，而且大人们都拿着各种乐器演奏音乐。另外，乐团指挥罗彻斯托克先生的日本话讲得有趣极了。

罗彻斯托克先生的全名是约瑟夫·罗彻斯托克，他是欧洲非常有名的指挥家，但是因为有个叫希特勒的人做了很可怕的事，罗彻斯托克先生为了能够继续自己的音乐事业，只好逃离欧洲，来到了遥远的日本。这些都是爸爸告诉小豆豆的。爸爸说自己非常尊敬罗彻斯托克先生。小豆豆还不能理解国际上的局势变化，实际上，那时候希特勒已经开始迫害犹太人。如果没有这一系列的变化，罗彻斯托克先生不可能到日本来，那么，山田耕作①先生所创立的这个乐团，也就不可能在这位世界级指挥家的指导之下，迅速地发展起来了。罗彻斯托克先生以欧洲第一流乐团的演奏水平来要求日本交响乐团，正因为如此，罗彻斯托克先生经常在排练结束的时

---

① 山田耕作（1886—1965）：日本著名作曲家，指挥家。他毕业于东京音乐学校，曾经留学柏林。他是日本交响乐团的创立者，被视为音乐界的领袖人物。众所周知的歌曲《红蜻蜓》即是他的作品。

候，流着眼泪说：

“我这么努力，但是，你们乐团，却不肯合作！”

每当这个时候，大提琴家斋藤秀雄就会代表大家向他解释。斋藤先生是罗彻斯托克先生休息时候的代理指挥，他的德语也是最好的：

“大家都在拼命努力，希望能够演奏好，但是我们的技术还不行，绝对不是故意不肯配合。”

斋藤先生就这样来传达大家的心情，安慰罗彻斯托克先生。小豆豆虽然不知道其中的原委，但她有时候会看到罗彻斯托克先生发怒。先生的脸涨得通红，头上仿佛要冒出蒸汽来，用外国话大声喊着什么。本来小豆豆都是用手托着腮，从一个固定的窗口往里面看，一遇到罗彻斯托克先生发怒，她就赶紧把头从窗口缩回去，和洛基一起蹲到地上，屏住呼吸，静悄悄地等待音乐重新响起。

不过，罗彻斯托克先生平日里总是非常和气，日本话也说得有趣极了。当大家演奏得很好的时候，他会说：

“黑柳先生，非常棒！”

或者是：

“精彩，极了！”

小豆豆从来没有进过排练场。她喜欢从窗口往里面张望，一边听着音乐。所以，当休息的时候，大家到外面抽烟，爸爸经常会发现：

“啊，是豆豆助！你也来啦？”

罗彻斯托克先生看到小豆豆的时候，会对她说：

“早上好。”

或者是：

“你好。”

虽然小豆豆已经长大了些，但罗彻斯托克先生还是像她小时候那样，把小豆豆抱起来，和她贴一贴脸。小豆豆有点儿害羞，但是非常喜欢罗彻斯托克先生。先生戴着细细的银边眼镜，鼻梁高高的，个子矮矮的。他优雅俊美，一看就知道是一位了不起的艺术家。

从洗足池方向吹过来的风，把排练场的音乐送到很远的地方。不时地，里面还夹杂着卖金鱼人的“金鱼、金鱼”的叫卖声。总之，小豆豆非常喜欢这座有西洋风格的排练场。

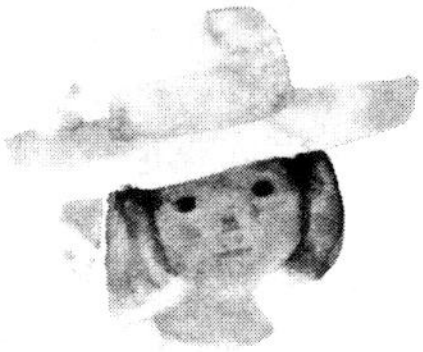



# 温泉旅行

暑假快要结束了，巴学园的孩子们终于盼来了暑假的“主要节目”——温泉旅行！暑假开始之前，有一天，小豆豆从学校回来后，说：

“我可以和大家一起去温泉旅行吗？”

听了这句话，连素来不惊不乍的妈妈，也不由得吃了一惊。如果和爷爷奶奶们一起，一家人去温泉旅行，是可以理解的，但是小学的一年级学生……不过，妈妈仔细读了校长先生的信之后，就非常佩服先生的计划，那的确是一个很有意思的活动。信上说，在静冈县的伊豆半岛上有个叫作“土肥”的地方，那儿从海里涌起一片温泉，孩子们可以在海里游泳，然后洗温泉浴，称得上是一个“临海学校”。预计一共在那儿住三天两夜，巴学园有个学生的父亲在那里有一栋别墅，可以住下全校一到六年级的五十名学生。妈妈当然非常赞成。

巴学园的孩子们今天准备好了温泉旅行的用品，集中到了学校里。当大家都来到校园之后，校长先生说：

“准备好了吗？我们要坐火车，还要坐船，千万不要迷路啊。好了，出发！”

校长先生的嘱咐只有这么一句。不过，大家从自由之丘车站乘坐东横线的时候，却安静得让人惊讶。没有人跑来跑去，即使要和身旁的同学说话，孩子们也是安安静静地小声说。在巴学园，孩子们从来没有被教导“排成一列规规矩矩地走路”，或者是“在电车上要安静”、“不许乱扔果皮纸屑”之类的话。但是，在日常生活中，孩子们不知不觉地就知道了很多：比如，欺负比自己小的、弱的人是可耻的事；看到乱糟糟的地方，要主动打扫；尽量不要妨碍别人……等等，这些观念已经深深地植根在孩子们心里。就在几个月之前，小豆豆在课堂上，还站在窗边和宣传艺人说话，使得整个班的同学都没办法上课。但自从小豆豆来到巴学园的第一天起，她就开始安静地坐在自己的位子上学习，想想真是不可思议。而且，今天，小豆豆和大家一起乖乖地坐着，出门旅行，这如果被以前学校的老师看到，一定会惊诧地说“好像变了一个人”的吧？

从沼津开始，大家坐上了梦想中的船。那艘船并不很大，但孩子们已经兴奋极了，他们看看这里，摸摸那里，还把腿搭下去试试。船驶出港口的时候，有的孩子还向着街上的人挥手。但是，半路上突然下起雨来了，孩子们只好从甲板上回到船舱里。船开始剧烈地摇晃起来，小豆豆渐渐难受起来，别的孩子也感到有些恶心。这时候，有一个高年级的男孩子，在摇摇晃晃的船的正中央，摆好了一个平衡的姿势站着，每当船摇晃的时候，他就“哎——哟——哟——哟”地一边嚷着，一边左窜右跳。孩子们本来晕船难受，几乎想哭出来，但是看到他的样子这么好笑，不由得又笑了起来。笑着笑着，土肥就到了。当大家从船上下来，一个个又精神起来的时候，那个“哎——哟——哟——哟”的男孩子却开始恶心了，真是挺可怜的，不过也怪好玩的。

土肥温泉所在的地方非常安静。那是一个美丽的村子，有大海和树林，还有面向大海的小山丘。大家休息了一下，就由老师们带领着，出发去海边了。和在学校的游泳池里不一样，大家跳进海里的时候，都换上了泳衣。

大海里的温泉与众不同。因为，究竟哪儿是温泉，哪儿是海水，并没有一个清楚的分界线，也不能用什么东西把温泉围起来。

“这里是温泉了。”

听人这么一说，孩子们赶紧蹲下来，热乎乎的温泉水正好淹到脖子那里，水热热的，真像洗澡一样，舒服极了！想从温泉到海里的时候，横着走上五米左右，水渐渐地变成温的，再走几步，水就变冷了，于是大家知道“从这里就是海了”。孩子们在海里游泳觉得冷了的时候，就急急地回到温泉里，把脖子以下都浸泡在热热的水里。这时候，感觉好像是回到了家里一样。有趣的是，小学生们在海水里的时候，就

戴上紧紧的泳帽游起泳来，而一旦进入了温泉，虽然泉水看上去和海水是一样的，但大家却围成了一个圈，轻轻松松地聊起天来。如果旁边有人看到这情景，也许会觉得小学生们在温泉里的样子，和老爷爷老奶奶们并没有什么不同吧。

当时，海里几乎没有别人，海岸和温泉都像是巴学园的小学生们专用的。大家尽情地享受着这难得的温泉海水浴。当傍晚走向别墅的时候，孩子们因为在海水里浸泡的时间太长，手指头上的皮肤都皱巴巴的了。

晚上钻进被窝里之后，大家轮流着讲妖怪的故事。小豆豆他们一年级的小孩子们都吓得哭了起来，可一边哭着一边还问：

“后来呢？”

在土肥温泉度过的三天，和在学校里的露营、“试胆量”活动不一样，在这里，孩子们真正接触到了实际生活。比如说，大家要轮流去蔬菜店或者鱼店买做晚饭的菜，碰上陌生的大人们问“是哪个学校的小学生”，或者“从哪儿来的”，还一定要好好地回答。这期间，有的孩子在树林里迷路了，有的孩子在海里游出去很远却游不回来了，让大家非常担心。有的孩子还被落在海边的碎玻璃割破了脚。每当这种时候，孩子们都会积极地思考：“该怎么办？”都希望自己的办法最有用。

不过，毕竟还是快乐的时候多。这里有一大片树林，有好多好多的蝉在唱歌，还有卖棒冰的店。而且，在海边还遇到了一位正在做大木船的叔叔。他只靠自己一个人，就能够做出一艘大船。那艘大木船已经像模像样了，每天一早起来，大家都惦记着大木船比昨天又多做了多少，就赶紧跑过去瞧。那位叔叔还送了小豆豆一条又薄又长的刨花儿做礼物。

离开温泉的时候，校长先生说：

“拍一张照片作纪念好不好？”

大家还从来没有一起拍过照片，都高兴得不得了。所以，当女老师说“好，要照了”时，有人突然要去厕所。好不容易等老师又说“这下可以照了吧”，又有人说运动鞋的左右脚穿反了，得调换过来。在这期间，有的孩子一直摆着紧张的姿势，等终于到了“现在开始照啦”的时候，他却叫着“啊，累死了，我不行了”，躺到了地上。总之，照这张相片可费了好一阵工夫。

可是，以大海为背景，孩子们摆出各种不同姿势拍的这张照片，后来却成了每个孩子的宝贝。每当看到这张照片，孩子们眼前就会涌起好多记忆：大木船，温泉，妖怪的故事，“哎——哟——哟——哟”的那个男孩子……

就这样，小豆豆度过了她的第一个暑假，这个暑假留下了好多快乐的回忆，这些回忆，小豆豆永远都不会忘记。

在当时的东京，附近池塘里还有许许多多的小龙虾，垃圾车还是由大牛拉着运送的。小豆豆他们的这些故事，就发生在这样的年代里。

# 韵律操

暑假结束了，又开始了第二个学期。在暑假期间，大家一起进行了好多活动，小豆豆和班里的同学更加亲近了，甚至和高年级的哥哥姐姐们也熟悉起来，她更加喜欢巴学园了。

巴学园不仅在上课的方式上和一般的小学不一样，它的音乐时间也特别多。对音乐的学习有各种方法，在巴学园，每天都有学习“韵律操”的时间。韵律学的创始人是达克罗兹[1]，这是他提出的一种特别的节奏教育。这项研究发表于1905年，随即在全欧洲和美国引起广泛的注目，各国都建立了韵律学的培训所、研究所等。那么，巴学园为什么会采用达克罗兹先生的学说呢？这是有缘故的。

---

① 达克罗兹（Emile Jaques Dalcroze 1865—1950）瑞士音乐家、教育家。他创造出“律动”（Eurhythmics）的训练体系，将韵律转换到动作当中，以动作练习来刺激并提高学生对音乐的敏感度。

校长小林宗作先生在开办巴学园之前，曾经到欧洲去，想要考察一下外国是怎样进行小孩子的教育的。小林先生参观了好多所小学，听过很多教育家的谈话。在巴黎，小林先生遇见了优秀的作曲家和教育家达克罗兹先生。达克罗兹先生长期以来一直在思考一个问题：

"怎样才能教育孩子们，不要用耳朵听音乐，而是'用心去听、去领会'呢？孩子们听音乐的时候，他们感受到的，不应当是没有生气的教育，而应当是跃动着的、充满生气的音乐…… 怎样才能唤醒孩子们的感觉呢？"

结果，经过长期的思索，达克罗兹先生终于发现了一种叫作"韵律操"的东西，这是从孩子们自由自在蹦蹦跳跳的动作中获得灵感，从而创作出来的。小林先生在巴黎的时候，在达克罗兹先生的学校里待了一年多，学习了韵律学。如果再稍微提及一些历史性的话题，日本人中受到达克罗兹影响的人还有不少，以山田耕作先生为首，还有现代舞的创始人石井漠、歌舞伎的第二代传人市川左团次、新戏剧运动的先驱者小山内薰、舞蹈家伊藤道郎等。这些人都认为韵律是一切艺术的基础，他们都向达克罗兹先生学习过。但是，尝试着把韵律学应用到小学教育中去的，小林先生是第一人。

"什么是韵律？"

每当有人这么问的时候，小林先生就这样回答：

"韵律是让身体的组织结构更加精巧的游戏，是教给我们怎样去开动心灵的游戏，是让心灵和身体理解节奏的游戏。做韵律操会使人的性格富有韵律感，富有韵律感的性格是美

好的，强大的，能够温和地顺应自然的法则。”……还有好多好多。

小豆豆他们这个班，是从使身体理解节奏这一步开始的。在礼堂的小讲坛上，校长先生弹着钢琴，小学生们合着琴声的节奏，从各个位置开始走动。怎么走都可以，不过如果逆着人流走的话，会和人相撞，那就不舒服了。所以，大家要尽可能地绕着同一方向走，也就是成为一个环形，但不要排成一列，而是自由地、流畅地走动。同时，孩子们听着音乐的节奏，到了“二拍”的地方，就像指挥家那样两只手大幅度地上下挥动，打一个“二拍”的节奏。走动的时候，不要把脚踩得“咚咚”响，但也不要像跳芭蕾舞那样用脚尖着地。先生的话是这样的：“仿佛是在拖着大脚趾走动，身体轻松自由地摆动，有这样的感觉就好了。”归根到底，最重要的是要自然。所以，只要用孩子们自己觉得自然的方式走动就可以了。 当节奏变成三拍的时候，手也要大幅度挥动，打出三拍的节奏，同时脚的动作也要合着拍子，一会儿变快，一会儿变慢。两只手像指挥家那样，上下不停地变化，一共可以达到六拍。比如说，如果节奏是四拍的话，手的姿势就是：

“放下——转一圈——从侧面抬上去。”

如果是五拍的话，则变成：

“放下——转一圈——伸到前面——向旁边平伸——抬起来。”

如果节奏是六拍的话，那就是：

“放下——转一圈——伸到前面——再一次在胸前转一

圈——向旁边伸平——抬起来。”

就这样，随着节奏的变化，动作也变得越来越难。而且，更难的是，校长先生在弹钢琴的时候，不时地会大声说：

“当我的琴声变化的时候，你们不要立刻跟着变化！”

比如说吧，一开始，大家是随着二拍的节奏走动，然后琴声突然变成了三拍，但是，大家要一边听三拍的音乐，一边做二拍时的动作。这个可太难了！校长先生认为，通过这样的练习，可以培养孩子们集中注意力的习惯，还能培养坚强的意志。

过了一会儿，先生叫了一声：

“可以换过来啦！”

小学生们觉得“啊，太好了……”立刻换成三拍的动作。这个时候，不能手足无措，要把大脑的命令立刻转换成身体的，也就是肌肉的动作。可是正当大家想要合上三拍节奏的时候，钢琴声却突然又变成了五拍！刚开始这么练习时，孩子们真是手忙脚乱，嘴里一迭声地喊着“老师，等一等，等一等”。不过渐渐习惯之后，就觉得非常舒服，自己也能渐渐想出各种花样的动作来，越来越得心应手了。一般来说，大家都是在人流中各做各的，但是高兴的话，也可以和别人并肩同做，或者在二拍的时候，互相拉拉手啦，互相眨眨眼睛啦什么的。不过，说话是不允许的。

妈妈们来参加家长会的时候，偶尔从外面看到过这幅情景。孩子们每个人都带着自己独特的表情，舒展地舞动着手脚，非常陶醉地跳来蹦去，而且，每一个动作都恰好合着音

乐的拍子。这幅情景真是让人愉快。

就这样，韵律使身体和心灵能够理解节奏，帮助精神和肉体达到和谐，从而唤醒人的想象力，促进人的创造力。记得小豆豆第一天到巴学园来的时候，在学校的大门口，问妈妈：

“什么是‘巴’？”

巴学园的“巴”，指的是用两个一黑一白的巴形图案组成的徽记，这表达了校长先生的心愿，就是希望孩子们能够在身体和心灵两方面得到和谐的发展。

（巴形图案）

韵律课的内容还有很多。校长先生一直考虑的问题是，怎样才能使孩子们与生俱来的素质不被周围的大人们损害，让这些难得的素质得以发扬光大。校长先生经常感叹说：

“过于依赖文字和语言的现代教育，恐怕会使孩子们用心去感受自然、倾听神灵之声、触摸灵感的能力渐渐衰退吧？

“‘绿蛙落古池，寂寂闻水声’……看到青蛙跳到池水中的，肯定不止松尾芭蕉一人。看到沸腾的水顶起铁壶盖、苹果落地的，也一定不止瓦特和牛顿。

“世界上最可怕的事情，莫过于有眼睛却发现不了美，有耳朵却不会欣赏音乐，有心灵却无法理解什么是真。不会感动，也不会充满激情……”

校长先生这样感叹着，把韵律学引入到教学中来，并且相信它一定会收到好的效果。而对于小豆豆来说，能够像伊莎朵拉·邓肯那样光着脚轻盈地走来走去，蹦蹦跳跳，上课可以这个样子，真是开心极了。

# 一生的心愿

小豆豆生平第一次去逛了庙会。庙会在洗足池中的一个小岛上举行，洗足池就在小豆豆以前的学校旁边，小岛上供有辩才女神[①]像。小豆豆跟着爸爸妈妈，沿着一条昏暗的小路向前走，走着走着，突然眼前大放光明，原来是庙会到了，许许多多的电灯把四周照得亮亮的。小豆豆一眼望去，立刻兴奋起来，钻到一家一家的小夜店里看个没完。有那么多好玩的东西，“噼噼——”、“啪——”、“沙沙——”的声音响成一片，还发出各种气味，好多东西都是从来没有见过的。有用红色、黄色、粉红色的弹力丝线吊着的薄荷棒，棒上有小狗呀小猫呀以及卡通明星“贝蒂”的头像；有棉花糖，玳瑁糖；还有一种叫作“棣棠枪”的玩具，把晕染过的棣棠的白芯儿

① 辩才女神是日本神话中的七福神之一，掌握音乐、辩才、财富等。

塞进竹筒中，再用棒子一压，就“啪”地发出很响亮的声音。路边还有卖艺的大叔，能吞下钢刀，还能吃下玻璃；还有的大叔在卖一种“粉”，把这种“粉”涂到大海碗的边上，大海碗就会“哇——”地叫起来。另外，还有能把钱变不见了的叫作“金环”的变戏法的、日光[1]旅游摄影的、卖水生花的……

小豆豆一边走一边左顾右盼，突然，她“哇——”地欢呼了一声，停下了脚步，原来她看到了黄色的小鸡！在不大的盒子里，盛满了小小的、圆乎乎的小鸡，小鸡还在“唧唧”地叫着。“我想要这个。”

小豆豆拉住了爸爸和妈妈的手：

“哎，买下来好吗？”

小鸡朝着小豆豆抖动着小小的尾巴，尖尖的小嘴朝上张开，叫得更欢了。

“好可爱呀……”

小豆豆蹲了下来，以前还从来没有看到过这么小、这么可爱的东西呢。

“买一个好吗？”

小豆豆仰起头看看爸爸妈妈，但奇怪的是，爸爸妈妈却拉着小豆豆的手要走开。

“哎，不是说过了要给我买点什么吗？我想要这个呀。”

妈妈小声说：

“这些小鸡，很快就会死的。怪可怜的，不要买了吧。”

---

① 日光是日本的一处旅游胜地，位于枥木县的西北部，有著名的东照神宫。

“为什么？”

小豆豆的声音里已经带上了哭腔。爸爸走远一点，以免被卖小鸡的人听到，然后告诉小豆豆说：

“那些小鸡，虽然现在很可爱，但身体太弱了，很快就会死的。那时候，豆豆助就要哭了，所以爸爸妈妈才不买。”

可是，小豆豆看到这些小鸡，已经听不进爸爸的话了。“一定不会死的，我会好好照顾它们，求求您了。”

但是，爸爸妈妈仍然固执地要把小豆豆从小鸡的盒子旁边拖走。小豆豆被拉了起来，但还是看着小鸡们。小鸡们叫得更响了，好像它们也想跟着小豆豆回家似的。小豆豆拿定了主意，除了小鸡，什么都不要，她向爸爸妈妈鞠了一个躬，说：

“求求你们了，给我买只小鸡吧。”

但爸爸妈妈还是坚持着：

“你以后会哭的，还是不要的好。”

小豆豆呜呜地哭了起来，一边哭一边向回家的方向走去。不过，走到刚才来时昏暗的地方，她又一边抽泣一边说：

“求求你们，这是我一辈子的心愿。一直到死，我再也不会说要买什么了。给我买只小鸡吧！”

爸爸妈妈终于屈服了。

刚才还哭着的小家伙已经笑了起来，满脸喜悦的小豆豆手里捧着一个小小的盒子，里面有两只小鸡。

第二天，妈妈请木匠师傅做了一个带有食槽的特别的盒子，盒子里装上了电灯泡，给小鸡取暖。小豆豆一整天都在

看着小鸡，黄黄的小鸡真是可爱极了。可是，第四天，有一只小鸡不动了。接着，第五天，另一只也不动了。无论怎样抚摸，怎样呼唤，小鸡再也不会“唧唧”地叫了。而且，无论等多久，小鸡再也不会睁开眼睛了。爸爸妈妈说的是对的，小鸡死了。小豆豆呜呜地哭了起来，一个人在院子里挖了一个坑，把两只小鸡都埋了，还供上一枝小花。没有了小鸡的盒子，看上去空荡荡的。盒子里还落了几根小小的黄色羽毛，小豆豆看到这些小小的羽毛，想起了庙会那天看着自己“唧唧”欢叫着的小鸡，不由得咬紧了牙齿，哭了出来。

一生的心愿，就这么早早地夭折了……这是小豆豆的人生中，第一次品尝到“别离”的滋味。

## 最差的衣服

校长先生总是对巴学园的学生家长们说：

“请让孩子们穿上最差的衣服到学校来吧。”

这是因为，校长先生认为如果孩子们担心“弄脏了衣服，妈妈要骂的”，或者“会弄破衣服的，所以不能和大家一起玩”，那对于孩子们来说，就会减少很多乐趣。所以就让他们穿上最差的衣服，这样无论弄得怎么脏，甚至弄破了都没关系。在巴学园附近的小学，有的学校是要穿制服的，像水手服啦、学生服配上短裤啦什么的。可是，巴学园的小学生们都是穿着平常的衣服到学校来。而且，因为有老师的允许，孩子们可以不必在意衣服，能够尽情地玩耍。当时还没有像牛仔布这样结实的面料，所以孩子们的裤子上都打了补丁，女孩子的裙子也尽用结实的布料做成。

小豆豆最喜欢的游戏，是钻别人家的或者围野地的篱

笆。如果可以不必担心弄坏衣服，对小豆豆来说，正是求之不得呢。那时候的篱笆，一般是用带刺儿的铁丝围在栅栏的周围，其中很多篱笆的铁丝一直拉到贴近地面，这被孩子们称为“铁丝网”。这样的篱笆怎么能钻过去呢？还是有办法的。那就是，先把脑袋钻到篱笆下面，然后往上顶铁丝网，挖出一个洞，钻过去，就和狗的钻法是一样的。这么做的时候，就算小豆豆很小心，可是铁丝上尖尖的刺总会钩住衣服，把衣服撕破。有一次，小豆豆穿了一件很旧的连衣裙，裙子是布的，但看上去却像是羊毛的，钻铁丝网的时候，裙子当然撕破了。但这一回破的样子却很奇怪，它不像是裙子被钩住了划开的那样，而是从背上到屁股那里，共撕开了七个大口子，破破烂烂的像是背上背了一个掸子。小豆豆知道这件裙子虽然旧了，却是妈妈喜欢的，她拼命地想一个好办法。因为，如果说“是钻铁丝网的时候被划破了”，很对不起妈妈，哪怕是撒个谎，也一定要显得“实在避免不了弄破，实在没有办法”才好。想啊想，小豆豆好不容易想出了一个好理由。回到家以后，小豆豆对妈妈说：

“刚才，我在路上走的时候，别的孩子都往我背上扔刀子，才成了这个样子。”

一边说着，她一边担心“妈妈要是仔细地问是怎么回事，可就麻烦了”。好在让人庆幸的是，妈妈只说了句：

“啊，是吗？这可太吓人了。”

小豆豆放心了，太好了！这么一说，妈妈就会知道，弄破她喜欢的衣服是不得已的了。

当然，妈妈肯定不会相信刀子把衣服划破之类的话。刀子扔到了后背上，身体却一点儿没有受伤，只把衣服弄得破破烂烂的，这样的事情根本不可能发生。而且，更重要的是，小豆豆丝毫没有受了惊吓的样子，一看就知道是在说谎。不过，连小豆豆也想找一个借口，这可是她从来没有过的，可见她在意这件衣服，不愿意弄破。“真是个好孩子”，妈妈这么想着。不过，妈妈决定趁着今天这个机会，问问她一直大惑不解的一个问题：

“衣服会被刀子啊什么的弄破，这妈妈也知道，可是为什么每天回来的时候，短裤总是碎得不成样子呢？”

小豆豆穿的镶着花边的松紧带式白色棉布短裤，每天回家的时候，屁股周围总是破破烂烂的，妈妈很奇怪：“要是裤子上沾了泥、磨坏了什么的，那可能是坐着玩滑梯啦，摔了屁股蹲儿啦，才弄成那个样子。可是短裤破成一条条的，到底是怎么回事呢？”

小豆豆想了一下，说：

“因为，往里钻的时候，肯定会先挂住裙子，但是出来的时候，是屁股先出来。从篱笆的一边，一直反复做着‘打扰了’和‘再见’的动作，短裤什么的，立刻就破了。”

妈妈还是不太明白，觉得很纳闷：

“那样做的话，很有趣吗？”

听妈妈这么一问，小豆豆露出非常吃惊的样子，看着妈妈，说：

“妈妈也做做看？绝对很有趣。不过，我想妈妈的裤子也会弄破的。”

让小豆豆乐此不疲的游戏，原来是这个样子：当她看到一大片围着长长铁丝网篱笆的空地时，就从一头开始钻，抬起带刺儿的铁丝，掏一个洞往里钻去，先说“打扰了”，然后钻过去；接着抬起下一根铁丝，再掏一个洞，这时该说“再见”，向后退去。向后退的时候，屁股先出来，裙子被卷起来了，里面的短裤就钩在了铁丝网上……这一说，妈妈总算听明白了。就这样，小豆豆掏出一个一个的洞，裙子和短裤不断地挂在铁丝上，重复着“打扰了”和“再见了”的动作。如果从上面往下看的话，小豆豆从篱笆的一头到另一头，不停地钻进钻出，这样就把短裤也弄破了。

“对大人来说，这么做根本没什么趣儿，只会让人很累。但小孩子就可以玩得这么高兴，真令人羡慕啊……”妈妈看着头发、指甲和耳朵里都是泥土的小豆豆，这么想着。她不由得衷心佩服校长先生让孩子们穿“弄脏了也没关系的衣服”的提议，这才是真正理解孩子们的大人啊。

# 高桥君

今天早晨，大家在校园里跑来跑去的时候，校长先生说：

“来了一个新朋友，叫高桥君，是一年级学生的电车伙伴，真不错啊。”

小豆豆他们看到了高桥君。高桥君摘下帽子，鞠了一个躬，小声说：

“你们好。”

小豆豆他们才只是一年级的小学生，都还很矮小，但是这位高桥君虽然是个男孩子，个子却还要矮很多，而且胳膊和腿都非常短，握住帽子的手也非常小。不过，他的肩膀却很结实。高桥君有些不安地站在那里，小豆豆对美代、朔子她们说：

“我们和他说说话吧。”

说着，她们就靠近了高桥君。高桥君看到她们走过来，友

好地笑了笑，小豆豆她们也都笑了。高桥君的眼睛骨碌碌地转着，那是想要说点什么的眼神。

“要看看电车教室吗？”

小豆豆的口气真像个学姐一样，高桥君把帽子戴到头上，嗯了一声。小豆豆想要他早一点儿看到电车教室，就飞快地跑上电车，在车门那里叫道：

“快点儿上来呀！”

高桥君急急忙忙地朝这边走过来，但是，还隔着老远呢。高桥君跌跌撞撞地跑起来，说：

“不好意思，就过来了。”

小豆豆注意到了，高桥君虽然不像患过小儿麻痹症的泰明那样拖着腿走路，但不管他怎么努力，也跑不到电车这儿。小豆豆不再叫了，只是看着高桥君。高桥君拼命地朝小豆豆跑来，即便小豆豆现在不喊“快点儿”，也能看出他在努力地快跑。高桥君的腿非常短，而且像蟹足那样弯曲着。老师和大人们都知道，高桥君的个子永远就这么高，不会再长了。高桥君注意到小豆豆一直在看着自己，于是两只手臂前后摆动着，努力地想跑快一点儿。等他终于跑到车门这儿的时候，说道：

“你跑得好快啊！”

然后，又说：

“我是从大阪来的。”

“大阪？”

小豆豆大声反问道。因为，对小豆豆来说，大阪就像一座梦幻中的城市，是从来没有见过的地方。妈妈的弟弟——还在上大学的舅舅，每当来小豆豆家的时候，总是用手揪住小豆豆的两只耳朵，把小豆豆提起来，说：

“让你看看大阪，看到大阪了吗？”

这本来是大人逗小孩子时经常玩的恶作剧，不过小豆豆却信以为真。虽然脸皮往上绷着，眼睛也吊了起来，耳朵还有些疼，但她还是拼命地东张西望，努力往远处望去，却总也看不到大阪。不过小豆豆总觉得，也许有一天会看到大阪的。所以，每当舅舅来的时候，小豆豆就缠着他：

“让我看看大阪吧！让我看看吧。”

正因为如此，对小豆豆来说，大阪是从未见到过的、梦想中的城市。而高桥君竟是从大阪来的！

“给我说说大阪的事吧。”

小豆豆对高桥君说。高桥君高兴地笑了：

“大阪的事啊……”

高桥君的发音非常清楚，有点像大人的声音。正在这时，上课的铃声响了。

“真可惜。”

小豆豆说道。高桥君小小的身体几乎要被双肩书包遮挡住了，但他精神饱满地晃动着自己小小的身体，走到最前面的位子上坐了下来。小豆豆赶紧过去坐到他的旁边。这时候就觉出学校的自由座位的好处来了，因为小豆豆有种“不舍得离开”高桥君的感觉。就这样，高桥君也成了小豆豆的好朋友。

## 不能跳！

从学校回家的路上，快到家的时候，小豆豆在路边发现了一堆好东西，那是一大座沙山。不在海边，却有这么一大堆沙子，听说过这么好的事吗？简直像是做梦一样！小豆豆立刻兴奋起来，“腾”地蹦起老高，然后用尽全力向前冲刺，“嘭”的一声跳到了沙堆的顶上。但是，小豆豆立刻发现自己错了，这并不是一堆沙，沙子下面是灰色的抹墙的泥，已经搅拌好了的。只听得“扑哧”一声，背着书包、拎着鞋袋的小豆豆陷到了灰泥里面，一直没到了胸口，像是铜像一样动弹不得。小豆豆拼命地想挣出来，可是一挣扎，脚下就滑滑地往下陷，鞋子也像是要掉下去似的。如果不尽力止住的话，恐怕有连脑袋都陷进去的危险，小豆豆只好保持着左手提鞋袋的姿势，一动不动地站在灰泥中，不时地向路过的不认识的阿姨小声叫一声：

“哎——”

可是人家都以为是小孩子在做游戏，微笑着走过去了。

傍晚，天色已有些昏暗，沿路来找小豆豆的妈妈看到了她从沙山里露出来的脑袋，不禁大吃一惊！妈妈赶紧找来一根木棒，把一头递给小豆豆，用力把小豆豆从沙山里拉了出来。如果妈妈用手拉，她自己的脚也会陷到沙堆里去。小豆豆全身上下都是灰色的抹墙泥，仿佛成了一堵墙壁，妈妈说：

“以前不是说过了吗？看到什么有趣的东西，不能立刻就跳上去。要先在旁边仔细看看，知道了到底是什么之后，才能决定怎么做。”

说到以前，那是一次学校午休的时候，小豆豆在礼堂后面的小路上溜达，看到了路的正中间放着一张报纸。“真有趣！”小豆豆心想，于是“哇——”地欢呼一声，像平时那样先稍微后退了一点，然后“嘭”地向上弹了一下，朝着报纸的正中间全力冲去。谁知道，这里竟然是小豆豆上次掉落了钱包的那个厕所的掏口！好像是校工叔叔在工作的时候有什么急事走开一下，为了挡住臭气，就在取下了混凝土盖子的掏口上盖了一张报纸。所以，小豆豆就这么“扑哧”一声掉进了厕所！这之后，小豆豆不免吃了不少苦头，但总算幸运地又变回了一个干净的孩子。妈妈说的就是这件事。

“以后，我再也不跳了。”

小豆豆真的像是一堵墙壁那样静静地回答，妈妈放心了。可是，等听到小豆豆的下一句话，妈妈又觉得“现在放心未免太早了些”。因为，小豆豆接着说：

“以后我再也不跳报纸和沙子堆成的山了。”

就是说，如果见了别的东西，还是要照跳不误的。这一点，妈妈也明白了。

渐渐地，天黑得越来越早了。

## “然后呢……”

大家一直盼望的巴学园的午饭时间，最近又增添了有趣的新节目。

在这以前，巴学园的午饭时间是这样的：先由校长先生检查全校五十名学生的盒饭，看是否都带齐了“山的味道”和“海的味道”，如果有的孩子少带了一种，两只手各拿一只锅走在先生后面的校长夫人，就会从锅里盛出菜来分给那个孩子。然后大家一起唱：“好好嚼啊，把吃的东西……”唱完之后，说一声“我吃啦”，午饭就开始了。但是现在，在说了“我吃啦”之后，又加进来一个节目，那就是“由谁来‘说说话’”。

前两天，校长先生说：

“大家能更加善于说话就好了。从今天开始，吃午饭的时候，每天都由一个人到圆圈中间说说话，怎么样？

孩子们有的觉得，“虽然自己不擅长说话，不过听一听倒是很有趣”，有的想“哇，说给这么多人听，我可是最喜欢了”，总之想法各种各样。小豆豆想的是：“虽然还不知道说什么好，但想说说试试。”

就这样，孩子们大都赞成校长先生的提议，第二天午饭时，就开始了“说话”节目。校长先生根据自己在国外的生活经历，对平时在家里被教导“吃饭时不许说话”的孩子们说：

“吃饭的时候，应当尽量让心情愉快。不要急匆匆地吃完，而要花点儿时间，一边说着各种话题一边吃比较好。”

校长先生总是这么说。而且，先生还认为：

“以后，孩子们能够在别人面前，清楚、自由、毫不羞涩地表达出自己的想法，是绝对必要的。”

所以，先生决定现在就开始训练孩子们的表达能力。当大家都说“赞成”的时候，先生说了下面的话，小豆豆用心听着。

“好吧？不必想着非要说得很好不可，只要是自己想说的话，什么都可以。总之，试一试吧！”

说话的顺序也排好了。在大家唱完“好好嚼啊……”之后，要说话的孩子可以快快地吃完。

但是，这回的说话，和课间休息时大伙儿三五个一块儿聊天的时候不一样，这是站在全校五十名学生的正中间说话，无疑既需要勇气，又很有难度。一开始，有的孩子非常害羞，只是“嘿嘿、嘿嘿”地笑着；也有的孩子好不容易想出了话题，但是一起头又全部忘记了，只把一个题目比如说“青蛙往侧面跳”重复来重复去，结果只说了一句：

“下雨了……完了。”

就鞠一个躬，回到座位上去了。

还没有轮到小豆豆，不过小豆豆准备轮到自己的时候，还说自己最喜欢的“公主和王子的故事”。只是，小豆豆的“公主和王子的故事”太有名了，每当课间休息讲给大家听的时候，大家都说“啊，听腻了”。尽管如此，小豆豆还是决定就说这个。

就这样，每天有一个孩子站到大家中间说话。有一天，轮到了一个男孩，可他无论如何也“不想说”，因为：“我没有什么可说的。”

小豆豆觉得居然有人没什么可说的，真是好奇怪。不过，那个男孩还是坚持“没有话说”，校长先生走到那个孩子摆着空饭盒的桌子跟前，说：

“你说自己没有话说……”

“什么话也没有。”

那个孩子说。这绝对不是故意找别扭，或者存心找麻烦，而是的确没什么可说的。

校长先生“哈哈哈”地笑了起来，一点儿也不在乎自己漏风的牙齿，接着说道：

“那么，我们编一个吧。”

“编一个？”男孩非常吃惊地问。

于是，校长先生让这个男孩站到大家中间，自己坐到男孩的位子上，说：“想一想你今天早晨从起床，一直到来学校，

这之间都有什么事情？一开始，你做什么了？”

男孩挠了挠头，先说了一声：

“哎——”

校长先生说：

“你看，你说了‘哎——’，这不是有话说了吗？‘哎——’之后，再说什么呢？”

男孩又挠了挠头，接着说道：

“哎——早晨我起床了。”

小豆豆和小学生们虽然觉得有点儿可笑，但都注意听着。接着男孩又说：

“然后呢……”

一边说着，他一边又挠一挠头。校长先生两只手叠在一起，放在桌子上，一直微笑着看着那个孩子。这时，先生说：

“很好。就这样，大家都知道你在早晨起床了。并不是说了有趣的事，或者令人发笑的事才了不起，而是像你这样，本来觉得‘没话说’的，找到了可说的话，这才是最重要的。”

于是，那个孩子用非常响亮的声音说：

“然后呢……”

大家一齐往前探了探身。男孩深吸了一口气，说道：“然后呢，妈妈对我说‘快刷牙’，我就刷牙了。”

校长先生拍起手来，大家也拍起手来。于是，男孩的声音比刚才更大了：

“然后呢，我就到学校来了。”

把身体往前探着的高年级学生中，有的孩子好像探得太

过火了吧，把头都碰到了饭盒上。但是，大家都非常快活。

“那个孩子有话可说了！”

先生热烈地拍起手来，小豆豆他们也使劲儿鼓掌。站在正中间的那位“然后呢……”的男孩，也一起鼓起掌来。礼堂里一片鼓掌的声音。

这次鼓掌的情形，即便那个男孩长大成人以后，也一定不会忘记吧。

## 只是闹着玩

今天出了一件大事！事情发生在小豆豆放学回来后，吃晚饭之前的玩耍时间里。事情是从开玩笑开始的，小豆豆和洛基在她的房间里玩“狼游戏”的时候，意外发生了。

在玩“狼游戏”之前，小豆豆和洛基像平时那样，各从屋子的一角骨碌骨碌地滚过来，撞在一起，然后像是相扑那样厮缠了一会儿，接着就“啪——”地分开，重新开始。玩着玩着，就想稍微“玩得难一点儿”。其实这也只是小豆豆一方的决定——当骨碌骨碌滚过来，撞在一起的时候，小豆豆说：

“我们看看谁更像狼，谁就赢了。”

对牧羊犬洛基来说，装成狼并不是什么难事，只要把耳朵“啪”地竖起来，把嘴巴张大，露出锋利的牙齿，眼中再闪出凶光，就变得很吓人了。可是，小豆豆要装成狼却很费事。总之是把两只手放在头顶，装成耳朵的样子，把嘴尽可能地张大，眼睛也拼命地睁大，一边“呜——呜——”地叫着，一边做出要咬洛基的样子。洛基一开始装得非常好，可是，它毕竟还没有长大，玩着玩着，渐渐分不出开玩笑和动真格的界限了。突然，它不是闹着玩了，而是真的咬了下去。

虽然洛基还是一条小狗，但它的体型已经快有小豆豆的两倍大了，牙齿也非常尖锐。小豆豆“啊——”的一下明白是怎么回事的时候，她的右耳朵已经耷拉下来了，鲜血汩汩地流了出来。

听到“啊——”的叫声，妈妈从厨房飞跑过来，只见小豆豆两手按住右耳朵，和洛基一起缩在房间的一角，衣服上、周围地板上全是血。正在客厅里练习小提琴的爸爸也飞奔过来。洛基这时候知道自己闯了大祸，耷拉着尾巴，眼睛朝上翻动着，不安地看着小豆豆。

这时小豆豆脑袋里只有一件事，那就是：“如果爸爸妈妈非常生气，把洛基扔掉，或者从此不管洛基了，那可怎么办？”小豆豆觉得，那才是最伤心、最可怕的事情。所以，小豆豆紧紧地挨着洛基蹲着，一边用手按住耳朵，一边大声说：

“不怪洛基！不怪洛基！”

爸爸妈妈更关心的是小豆豆的耳朵到底怎样了，他们想把小豆豆的手拿开，但小豆豆不松开手，喊着：

“一点儿也不疼！不要对洛基发火，不要发火！”

这时候，小豆豆的确不觉得疼，她只有一个念头，就是担心洛基。

这期间，血一直在汩汩地流着。爸爸妈妈终于明白这是被洛基咬的，答应“不怪洛基”，小豆豆这才把手松开。妈妈看到耷拉下来的耳朵，惊叫起来。接着，由妈妈带路，爸爸抱着小豆豆去看耳科医生。总算是治疗及时，运气也好，耳朵能够长回原来的样子。得到这一准信儿，爸爸妈妈这才放下心来。可是，小豆豆还是非常担心，不知道爸爸妈妈是否会遵守“不怪洛基”的诺言。

医生用绷带把小豆豆从头顶到耳朵，再到下巴缠了好多圈，小豆豆像一个小白兔似的被爸爸妈妈带回了家。虽然爸爸许诺过“不怪洛基”，但他觉得不训诫洛基几句，未免也太不像话了。可是妈妈用眼神示意“已经答应过了”，爸爸才勉强忍住了。

小豆豆急着要告诉洛基“没事啦！谁也没有生气”，急急忙忙跑进屋里。可是，却不见洛基的身影！小豆豆哭了起来，这是事情发生之后她第一次哭。在医生那里，小豆豆拼命忍着没有哭，她怕自己一哭，洛基就不免会受到责备，但是现在她却止不住泪水了。一边哭着，小豆豆一边呼唤着洛基：

“洛基！洛基！你在哪儿？”

这样叫了几遍之后，小豆豆沾满泪水的脸上突然出现了笑容。原来洛基那熟悉的茶色脊背，正一点儿一点儿地从沙发后面露出来……洛基走到小豆豆面前，轻轻地舔着她从绷带缝中露出来的那只完好的耳朵。小豆豆抱住洛基的脖子，闻了闻洛基耳朵的味道。爸爸妈妈都说“很臭”，可是小豆豆却觉得，这是让人留恋的好味道。

洛基和小豆豆都疲惫地睡着了。

夏末的月亮，升起在院子的上方，月亮好像在温柔地看着这一对更加亲近的好朋友：那个缠满了绷带的女孩儿，和那只永远也不会再玩“狼游戏”了的小狗……

# 运动会

巴学园的运动会定在十一月三日举行。之所以定在这一天，是校长先生四处询问的结果，据说秋天下雨最少的日子就是这天。自从定下这个时间，巴学园每年的运动会都在这一天举行。从前一天起，校园里就开始各种准备活动，还要装饰校园，孩子们兴奋地期待着运动会的到来。校长先生希望尽量避免孩子们的运动会被下雨所干扰，于是四处收集天气的数据。可能这种努力成功了，也可能是天空中的云啊太阳啊被先生的诚意感动了，这一天真的没有下雨。

巴学园在好多方面都和别的学校不一样，说到运动会，就更有特色了。除了拔河和二人三脚项目同别的学校一样，其余的项目全部是校长先生设计的。这些项目并不需要使用特别的用具，也不是什么夸张的节目，只要利用学校原有的设备，都可以完成。

比如说“钻鲤鱼比赛”这一项吧，先从出发点开始跑上一小段，跑到放在（或者说睡在）校园正中间的布做的大鲤鱼面前，从鲤鱼的嘴里钻进去，再从尾巴钻出来，然后再跑回原来的出发点。鲤鱼一共有三条，两条黑色的，一条红色的，所以每次有三个人同时跑。这个项目看起来似乎很简单，其实却很难做。因为，钻进鲤鱼肚子里之后，立刻一团漆黑，而且鲤鱼又很长，钻了一会儿，就分不清自己是从哪一头进来的了。结果，很多人——包括小豆豆在内，好几次从鲤鱼嘴里探出头来瞧瞧外面，然后又急急地钻回鲤鱼肚子里去。不过观看比赛的孩子们却觉得有趣极了，因为当有人在鲤鱼肚子里拱来拱去的时候，鲤鱼看起来就像活了一样。

另外，还有“找妈妈比赛”。在“开始！”以后，孩子们先跑一小段，然后钻过横放着的木梯子一个一个的空格，从放在对面的筐里拿出信封，抽出信封里的纸来，比如，纸上写的是“朔子的妈妈”，就赶紧从观众席上找到朔子的妈妈，拉着她的手跑到终点。这个项目要钻过横放着的梯子的空格，那需要像猫一样巧妙。如果没做好，屁股什么的很容易被挂住。而且，如果抽到“朔子的妈妈”还算认识，但要是抽到了“奥老师的姐姐”，或者“津江老师的妈妈”，或者“国则老师的儿子”什么的，从来没有见过这些人，那就只有跑到观众席上，大声叫“奥老师的姐姐”了。这也是需要一点勇气的。所以，当有的孩子偶然抽到了自己的妈妈，就会欣喜若狂，连蹦带跳地大喊：“妈妈！妈妈！快点！”

所以，这个项目不仅需要孩子们努力，连观众们也要配

合得好才行。孩子们接二连三地跑过来，叫着某位妈妈的名字，被叫到的妈妈不能发愣，而是要立刻从长凳或垫子上站起来，一边对坐着观看的爸爸妈妈们说着“不好意思”，一边赶紧从他们中间穿过去，和那个孩子手拉着手跑起来。所以，当孩子们跑过来站到大人们面前时，连爸爸们都一齐屏住了呼吸，注意听孩子会叫出谁的名字。这样，大人们就没有时间聊天或者吃东西了，从头到尾一直和孩子们一样兴奋地参与着。

拔河的时候，校长先生和所有的老师也分成了两组，混在小学生中间，“嘿哟！嘿哟”地拔了起来。绳子中间系着一条手绢，泰明和别的因为身体关系不能参加拔河的孩子们，负责看手绢移向哪一方，宣布是哪一组“胜利了”。

最后的全校接力赛更加富有巴学园特色，虽说是接力赛，但跑得并不长，决胜负的地方在学校中央、正对着大门通向礼堂的扇形台阶上。要跑上台阶，然后再跑下来，这真是独一无二的接力赛。乍一看这场接力赛好像有点莫名其妙，不过巴学园台阶的一级，比一般台阶的要低得多，坡度也非常缓。接力赛的时候，不允许一步迈过好几级台阶，只能一级一级地上去，再一级一级地下来。这样一来，对腿长个子高的孩子来说，反而更难了。孩子们每天吃午饭时都要上的这些台阶，居然可以作为“运动会”的设施，大家都感到很特别，想想又很有趣，唧唧喳喳地跑上来跑下去。从远处看这幅情景，简直像是美丽的万花筒。台阶算上最上面的一级，一共有八级。

小豆豆他们一年级学生的第一次运动会，正如校长先生所希望的那样，是一个大晴天。大家在前一天就做了好多折纸，有链子啦，金色的星星啦，装饰得到处都是，像过节一样。录音机里传出音乐，让人又快活又激动。

小豆豆当天的打扮是白衬衫、藏青色短裤。其实小豆豆向往的是那种有很多褶皱的灯笼裤，一直想穿上那么一条。有一次小豆豆他们下课之后，看到校长先生在校园里教幼儿园的老师们做韵律操，有几位大姐姐穿着灯笼裤，小豆豆就记在心里了。为什么觉得灯笼裤好呢？这是因为，每当穿着灯笼裤的大姐姐们用脚“咚”地跺一下地面，她们露在外面的大腿就颤悠一下。在小豆豆看来，这才是大人的样子。“真好啊！”于是，小豆豆就爱上了灯笼裤。那天，小豆豆急急地跑回家后，赶紧找出自己的短裤穿上，也“咚”地跺一下地面，但小豆豆才是一年级的小女孩，瘦瘦的腿怎么也“颤悠”不起来。如此这般地做了好几次，小豆豆得出一个结论：

“如果穿上大姐姐们那样的裤子，就能颤悠起来了。”

小豆豆向妈妈描述了大姐姐们的裤子的样子，知道了那叫“灯笼裤”，于是缠着妈妈，一定要在运动会上穿那样的灯笼裤。可是妈妈实在买不到这么小的尺寸的，于是小豆豆只好遗憾地穿着不会“颤悠”的短裤来了，这就是小豆豆这天的打扮。

运动会开始之后，出现了一个惊人的现象，每一个项目（几乎都是全校学生全部参加）的第一名都被全校个子最矮、手脚最短的高桥君拿走了！真让人难以置信。当大家在鲤鱼肚子里拱来拱去的时候，高桥君却嗖嗖地钻过去了；当大家在梯子格里费力地钻来钻去的时候，高桥君已经钻过了梯子，往前跑了好几米；接力赛中，当大家费劲地一级一级上台阶的时候，高桥君短短的腿却像是活塞一样噌噌地跑了上去，又像是电影中的快镜头那样嗖嗖地跑了下来。结果，尽管大家立誓要“战胜高桥君”而拼命地努力比赛，高桥君还是夺取了全部项目的第一名。小豆豆也非常努力，但没有一项胜过高桥君。虽然跑的时候比高桥君快，但跑过之后还要做各种动作，结果总是比不过他。高桥君有些骄傲地抽动着鼻子，满怀着激动和喜悦，登上领奖台领一等奖。每一项都是一等奖，领了一次又一次。大家羡慕地看着他，都在心里暗暗发誓：“明年一定要胜过高桥君！”（可是，实际上，以后每年高桥君仍然是运动会上的明星……）

另外，说起运动会的奖品，也富有校长先生的特色。一等奖是“一根萝卜”，二等奖是“两根牛蒡”，三等奖是“一束菠菜”之类。以至于小豆豆长大以后，还认为“无论什么地方都是用蔬菜”作为运动会的奖品。

当时，别的学校一般都用笔记本啦、铅笔啦、橡皮什么的做奖品。但是，即便不知道别的学校的奖品是什么，大家对蔬菜奖品也还是有点抵触心理。小豆豆得到了牛蒡和大葱，她也感觉把这些拿到电车上怪不好意思的。而且，在三等奖以后，还有各种名目的奖励，结果运动会结束的时候，巴学园的小学生每个人手里都拿着蔬菜。虽然孩子们还不太清楚为什么拿着菜从学校回家不好意思，但有的人担心别人说自己“真奇怪”，那就怪讨厌的。不过如果是妈妈让自己去买菜，从家里提着菜篮子去菜店，那就不觉得有什么不好的了。

有一个男孩子得到了卷心菜，感觉拿着很费事，想来想去，研究了各种拿法之后，终于说：

“算了吧。拿着这个回去，挺害羞的。还是扔了吧。”

校长先生好像听到了大家在嘀嘀咕咕地抱怨，于是走到提着胡萝卜啦、萝卜啦之类蔬菜的孩子们面前，说：

“怎么啦？不想带回去吗？今天晚上，请妈妈把这些做成菜，用你们的努力得来的蔬菜，做全家晚饭的菜肴，不是很好吗？肯定很好吃！”

这么一说，大家都觉得的确是这样。用自己的力量得到晚餐的菜肴，对小豆豆来说也是生平第一次，于是她对校长先生说：

“我想请妈妈把我的牛蒡做成红烧牛蒡丝，葱嘛，还没有想好……”

听她这么一说，大家也纷纷把自己想出来的菜谱说给校长先生听。先生脸色红彤彤的，高兴地笑了起来。

“是吗？明白了吧？”

校长先生也许是希望学生们在一家人吃晚饭时，一边吃着蔬菜奖品做的菜肴，一边高高兴兴地谈论白天的运动会吧？而且，先生也希望，在饭桌上摆满了自己的一等奖的高桥君，能够记住这个时刻的喜悦心情。虽然高桥君个子矮小，永远也不会再长高了，但在他怀有这种身体上的自卑心理之

前，先生希望他“不要忘记夺得第一名时的自信”。而且，谁知道呢，很有可能，巴学园式的运动会，就是为了使高桥君能够得到第一名，校长先生才故意这样设计的吧。

# 小林一茶[1]

小学生们经常管校长先生叫作：

“小林一茶！一茶老爷子的秃头！”

这是因为，校长先生的名字是“小林宗作”，而且他经常给大家讲俳句[2]的事，他总是说其中有一位非常了不起的人叫作“小林一茶”。所以小学生们把他们两个混在一起，就这么称呼先生了。在孩子们看来，不光是校长先生，连一茶也像是自己的朋友了。校长先生非常喜欢一茶的诗，他认为一茶的诗句率真朴实，而且都源自于日常生活。

当时，俳句诗人可能有数十万之多，但在众多的诗人中，一茶创造出了谁也无法模仿的、属于自己的诗歌世界。对于

① 小林一茶（1763—1827），日本江户时代后期的著名俳句诗人。他的诗句中有很多怜悯众生的内容。

② 俳句是日本的一种短诗，由五、七、五共十七个音节组成。

这位能够写出像孩子一样纯真的诗句的人，校长先生非常尊重，非常敬仰。小林先生一有机会，就教给孩子们一茶的诗句，孩子们都背诵过这么几句：

“瘦瘦的青蛙，切莫认输莫泄气，一茶在这里。”

“小小麻雀儿，快点躲开呀快点藏，一匹大马冲来了。”

“不要打它吧，苍蝇搓着手啊，也搓着脚。”

小林先生还即兴作了曲子，大家一起唱道：

“快点过来呀，一起玩耍乐开怀，没有妈妈的小麻雀。”

虽然学习俳句的时间，并没有正式地列入课程表中，但是小林先生经常给孩子们讲解俳句。

小豆豆作的第一首俳句是这样的：

“黑的野狗[1]啊，先脱下你的军装，才可以到大陆去。”

虽然校长先生说过，只要把自己想说的话，诚实地写出来就行了，可是小豆豆的这句话，实在称不上是俳句。不过，从这句话里，倒是可以看出当时小豆豆关心的是什么。如果数一下音节，小豆豆写的这句话不是“五、七、五”的音节，而成了“五、七、七”了。但小豆豆想，连一茶先生的俳句“小小麻雀儿，快点躲开呀快点藏，一匹大马冲来了”也是“五、八、七”的音节，那么自己的俳句这样写也没什么关系吧。

每当去九品佛散步的时候，或者下雨天，孩子们不能出去玩，而集中在礼堂的时候，巴学园的“小林一茶”先生就

---

① 此处“黑狗”指的是日本军队。

教给孩子们俳句。通过俳句，他还教孩子们思考人生，思考自然。而且，一茶的俳句，的确很适合巴学园呢：

“冰雪已消融，烂漫儿童嬉戏忙，奔跑小村中。”

## 非常奇怪

昨天，小豆豆第一次捡到了钱，是在从学校回来的电车上捡到的。在自由之丘车站坐上大井町线的电车，快到下一站“绿之丘”时，有一处是大拐弯，电车到了这里总是要倾斜一会儿。小豆豆昨天也是把两只脚分开，用力踩住地板，免得站立不稳。小豆豆总是喜欢站在电车的尾部，如果朝着电车前进的方向来看，就是在右边车门的旁边。这是因为，到了小豆豆要下车的那一站时，是右边车门打开，而且，这个车门离车站的台阶最近。

昨天，就在电车要倾斜转弯的时候，小豆豆发现脚边有一个东西，好像是钢镚儿。但是，以前有一次也以为是钱，捡起来一看才发现是个纽扣，所以小豆豆心想“要仔细看一看，再判断是不是钱”。电车转过弯之后，开始笔直地前进，小豆豆把脸凑上前去，仔细看了看，一点不错，果然是钱，是一枚五分硬币。可能是附近的人掉的，电车倾斜的时候，滚到了这里吧。可是那时候，只有小豆豆一个人站在那里。

“怎么办呢？”

小豆豆想起了不知谁说过“捡到钱的时候，立刻交给警察”。不过，电车上并没有警察啊。

正在这时，电车最后面的乘务员室的门开了，乘务员走到了小豆豆的这节车厢里。小豆豆也不知道自己是怎么想的，右脚飞快地踩在了硬币上面。乘务员经常见到小豆豆，已经很熟悉了，看到她就微笑着致意，可是小豆豆这时的心思都在右脚下面，不能像平时笑得那么欢畅，只是微微回报了一笑。这时候，电车到了小豆豆要下车的前一站“大冈山”，对面的车门打开了，不知为什么比平时多上来了好多大人，挤在小豆豆的身旁。小豆豆拼命坚持住不挪动右脚，一边想：

“下车的时候，把这枚硬币捡起来带下去，交给警察！”

但是，马上又有了新的念头：

“可是，从脚下拿钱的时候，如果被大人看到了，也许会以为我是一个小偷吧？那可不好！”

当时的五分钱，可以买一小盒饴糖，或者一块巧克力。在大人看来，并不是什么大数目，但对小豆豆来说，却是一大笔钱，她不由得非常担心。

“对了，我可以小声说，‘哎呀，我的钱掉了！这可得捡起来。’然后再捡起来，那大家就会以为是我的钱了。”

但是，立刻又觉得不妥：

“如果我这么说的时候，大家都朝我这儿看，也许会有人说‘那是我的钱’，那就很可怕了……”

左思右想的结果是，在电车快到站的时候，小豆豆蹲下来装作系鞋带，悄悄地捡起了那枚硬币。

小豆豆满头大汗，手里握着那枚五分硬币站到了月台上，不由得很疲倦了。而且，如果从这里走到很远的警察亭去交这枚硬币，回家就要晚了，妈妈会担心的。所以，小豆豆一边“咚咚”地走下车站的台阶，一边认真地想着，终于想出了一个办法：

“今天先谁也不告诉，明天把钱带到学校去，和大家商量一下该怎么办。而且，学校里还没有别的孩子捡到过钱，一定要给他们看看‘这就是我捡的钱’。”

接着，小豆豆开始考虑藏钱的地方，如果带回家，妈妈也许会问“咦，这是怎么回事”，所以不能带回去。

于是，小豆豆钻进了车站旁边的小树林里，藏在这里的话，谁也不会看到，而且好像不会有人进来，是个很安全的地方。小豆豆用木棒挖了一个小坑，把那枚珍贵的五分硬币放到坑的正中间，然后盖好土。又找来一块样子特别的石头，放在上面作为标记。忙完之后，小豆豆走出小树林，急急忙忙地赶回家。

平时，小豆豆总是不停地说着学校的事情，总要妈妈提醒说“到睡觉时间了”才肯罢休，但是那天晚上，小豆豆没怎么说话，就早早地睡了。

一觉醒来，到了“今天早上”，（感觉有一件非常重要的大事情！）小豆豆立刻想起了自己秘密埋藏的宝贝，不由得激动万分。

小豆豆比平时早一点儿出了家门，一边和洛基玩着赛跑游戏，一边钻进了小树林里。

“找到啦！找到啦！”

昨天小豆豆放的那块用来做标记的石头，还好好地待在原来的地方。小豆豆对洛基说：

“给你看一样好东西。”

说着，小豆豆移开石头，把坑挖开。但不可思议的事情发生了，那枚硬币，已经消失得无影无踪！小豆豆还从来没有遇到过这么奇怪的事情！“被别人看到藏钱的地方了”，还是“石头移动了”？小豆豆作了好多种假设，这里那里挖了好多个坑，但那枚五分钱的硬币最终也没有再出现。虽然不能给巴学园的同学们看自己捡到的钱，未免遗憾，但这时小豆豆最强烈的感觉却是“真奇怪”。

这以后，路过小树林的时候，小豆豆又钻进去挖过，但那枚捡到的五分钱硬币再也没有出现。

“被鼹鼠拿走了？”

或者是：

“昨天做了一个梦？”

或者：

“被神仙看到了？”

小豆豆作了种种设想。但无论是哪一种想法，这件事都是那么不可思议，无论到了什么时候，这都是件无法忘记的怪事。

# 用手说话

今天下午，小豆豆在“自由之丘”车站的检票口，看到两个男孩、一个女孩正在比比画画地说话。他们看上去都比小豆豆大一点儿，远看就像是在玩猜拳游戏似的。但仔细看看的话，就发现他们比画的手势可比猜拳游戏的剪子、石头、布丰富多了，有好多种样子。小豆豆觉得“好有趣”，赶紧往前靠一靠，仔细地看着。三个人虽然像是在说话，却不出声音，一个人用手比画出各种形状，另一个人看着他的手势，立刻又做出不同样子的手势，第三个人也稍微比画了几下，突然，他们好像觉得非常有趣似的，发出了一点声音，接着大笑起来。小豆豆看了一会儿，明白了他们是在用手说话，不禁非常羡慕：

“要是我也能用手说话就好了。”

不过，小豆豆虽然很想加入他们的谈话，却不会用手势表示“算我一个行吗”，而且，人家又不是巴学园的学生，要是冒冒失失地过去搭话，怪没礼貌的。小豆豆默默地看着那三个孩子，直到他们上了东横线的月台。小豆豆在心里决定，有一天一定要“我也学会用手说话”。

当时，小豆豆还不知道世界上有耳朵听不见的人，她也不知道，就在她每天乘坐的大井町线的终点——大井町，就有一个由政府创办的聋哑学校，那几个孩子大概就是那里的学生。

可是，那几个孩子看着对方做手势的时候，眼睛里都洋溢着光彩。小豆豆觉得那样子美丽极了，她期待着能有一天，会和他们成为朋友。

# 泉岳寺

巴学园校长小林先生的教育方法非常独特，很大原因是受到了欧洲和其他国家的教育方式的影响。比如说，从韵律操开始学习的新的节奏教育，吃饭、散步时的礼仪，连午饭时唱的“好好嚼啊，把吃的东西……”这首歌，也是那首英文歌“划啊，划啊，划起你的小船”的翻版，等等，这样的例子不胜枚举。巴学园还有一位丸山老师，他在巴学园的地位相当于别的学校的教务主任，称得上是小林先生的左膀右臂，不过这位丸山老师在某些方面，却和小林先生完全相反。丸山老师真像他名字中的“丸”字那样，长着圆圆的脑袋，头顶上一根头发也没有，光溜溜的，其实仔细看看，从耳朵边往后倒是还长着一圈短短的闪光的白头发。另外，他圆圆的眼镜、红扑扑的脸颊，一眼看上去就和小林先生完全不一样。而且，更不同的是，丸山老师还会时不时地吟诗给大家听：

“辩庆——呜呜——夜渡河——”

其实，这句诗应该是：

“鞭声——萧萧——夜渡河——”

可是，小豆豆他们却一直以为是那个叫辩庆的人，呜呜地哭着，在夜里过河呢。即便如此，丸山老师的“辩庆——呜呜——”还是非常有名。

十二月十四日那天早晨，大家来到学校后，丸山老师说：

“今天是四十七义士报仇的纪念日，我们要步行到泉岳寺参拜。我已经和你们的家长联系过了。”

小林先生没有反对丸山老师的主意，不知道他是怎么考虑的，总之没有反对。也许他觉得这样做“也不是坏事”吧。不过，小豆豆的妈妈还是觉得，巴学园的风格和去祭拜四十七义士的墓，两者一对比，总有点儿怪怪的。

出发前，丸山老师给大家讲了四十七义士故事的梗概。特别是义士中有位叫天野屋利兵卫的人，他负责准备四十七人的武器，被抓获后，无论幕府的官吏怎样拷问他，他只是说：

“天野屋利兵卫，是一个男子汉。”

他丝毫不肯泄露义士们报仇的秘密。丸山老师把这一段故事反复讲了好几遍。学生们虽不太清楚四十七义士到底是怎么回事，但可以不上课，带盒饭去比九品佛还远的地方散步，大家都非常兴奋。孩子们向校长先生和其他老师们说了声：

“我们走啦！”

由丸山老师带头，全校五十名学生浩浩荡荡地出发了。从队伍的这里那里，不时地传出“天野屋利兵卫，是一个男

子汉”的声音，连女孩子也大声说着“……是一个男子汉”，吵吵嚷嚷的样子惹得路上的行人纷纷笑着回头看。从自由之丘到泉岳寺大约有三日里（约合十二公里），但是路上几乎没有汽车。十二月的东京，天空一片湛蓝。孩子们一边嚷嚷着“天野屋利兵卫，是一个男子汉”，一边连蹦带跳地走着，一点儿也不觉得疲倦。

到了泉岳寺，丸山老师发给大家线香、水和花。这里排列着很多坟墓，不过比九品佛寺庙中的坟墓要小一些。

小豆豆想到这是来祭拜叫“四十七义士”的人，不由得严肃起来，献上线香和花之后，也学着丸山老师那样，默默地鞠了一个躬。在小学生之间，弥漫着静寂的气氛。这是巴学园非常难得的安静。每一座墓前的线香，都冒出袅袅的青烟，在空气中散成各种图案。

从那天以后，小豆豆感觉线香的味道，就是丸山老师的味道，而且，也是“辩庆——呜呜——”的味道，是“天野屋利兵卫”的味道，还是“安静”的味道。

孩子们并不可能明白“辩庆”或者四十七义士，但是，丸山老师仍然充满了热忱，耐心地说给他们听。这是丸山老师和小林先生不同的地方，但同样让人尊敬，让人感到亲近。另外，小豆豆还喜欢丸山老师的声音，他的声音是那么温和，让人觉得它和老师厚厚的镜片后面小小的眼睛，以及老师胖胖的身体有些不相称。

就要过新年了。

# 正 男！

从小豆豆家到车站的路上，有一个朝鲜人住的杂院，当然小豆豆并不知道他们是朝鲜人。小豆豆只知道其中有一个阿姨，她的头发从正中间分开，梳成垂髻的样式，身体稍微有点儿胖，穿着白色胶皮靴子，靴子头上尖尖的，像是一艘小船。阿姨的裙子长长的，上衣的胸口那里系着一个大大的蝴蝶结似的东西。这位阿姨总是大声叫着孩子的名字：

“正男！”

的确，阿姨每天都叫着正男的名字，一般来说，叫“正男”的时候，“正”和“男”都要用重音来念，但这位阿姨只把“正”字说得重，而且，她高声地拖着尾音的喊声，听起来让人感到很悲凉。

那个杂院面向小豆豆乘坐的大井町线，房子的地基比较高，仿佛在一个山崖上。

小豆豆知道正男，他比小豆豆大一点，可能上二年级吧，不过不知道他在哪里上学。正男的头发总是乱蓬蓬的，经常领着一条狗走来走去。

有一天，小豆豆放学回家，经过这个小小的山崖。正男正好站在山崖上，两只手叉着腰，一副威风凛凛的样子。突然，他冲小豆豆大声喊道：

“朝——鲜——人！”

喊声充满了憎恨，非常刺耳，小豆豆害怕极了。从来没有说过话，也从来没有捉弄过自己的男孩，为什么突然居高临下地对自己喊叫，而且充满了仇恨呢？小豆豆非常惊愕。

回到家之后，小豆豆告诉妈妈：

“正男管我叫‘朝鲜人’。”

听了小豆豆的话，妈妈用手捂住了嘴，转眼之间，妈妈的眼睛里已经充满了泪水。小豆豆大吃一惊，以为自己做了什么坏事。妈妈鼻头红红的，没有去擦眼泪，说道：

“真可怜……一定是别人都管正男叫‘朝鲜人，朝鲜人’，所以，他以为‘朝鲜人’是骂人话。正男还不懂，他毕竟还是个孩子。平常，说骂人话的时候，都是说‘浑蛋’，是吧？正男就是想说这么一句骂人的话，平时别人叫他是‘朝鲜人’，他也想这么叫你。唉，有些人太过分了。”

接着，妈妈擦掉眼泪，缓缓地对小豆豆说：

“小豆豆是日本人，正男呢，是叫作朝鲜的国家的人。但是，你和正男一样都是小孩子。所以，绝对不可以区分说‘那个人是日本人’，或者‘那个人是朝鲜人’。要友好地对待正

男，他只因为自己是朝鲜人，就被人这样粗暴地叫来叫去，是很可怜的。”

小豆豆还很难理解这些事情，但是，她毕竟明白了，那个叫正男的孩子，无缘无故地被人嘲骂，所以他的妈妈才总是那么担心地找他吧？当第二天早晨，小豆豆又从山崖下面路过的时候，仍然听到正男的妈妈大声地叫：

“正男！”

小豆豆听了，不由得想，“正男会去哪里了呢”，一边心中暗暗决定，“虽然我不是‘朝鲜人’，但如果正男再对我那么叫，我就对他说：‘大家一样都是小孩子’，我们交个朋友吧。”

正男妈妈的声音，有一种异样的焦虑感，仿佛夹杂着某种不安，拖着长长的尾音。她的声音有时会被旁边通过的电车声淹没，但这句“正男！”的叫声，是这么寂寞，如泣如诉，让人只要听过一次，就永远难以忘怀。

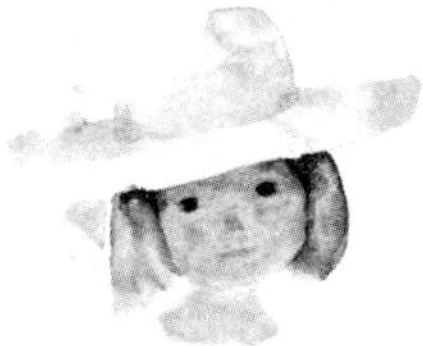



## 小辫子

最近，小豆豆憧憬的东西有两个。一是不久之前运动会上的灯笼裤，一是想编个三股的麻花辫。在电车上，每当看到大姐姐们的麻花辫时，小豆豆就下决心：

“我也要梳个小辫子！”

那时候，大家都留着短短的童花头，但小豆豆的发式是把一缕头发拢起横在旁边，用蝴蝶结系住，头发就长长地垂下来，妈妈喜欢这么打扮小豆豆，也因为小豆豆很想什么时候编成小辫子，所以头发留得比较长。今天，妈妈终于给小豆豆编了一个麻花辫，用橡皮筋把辫梢系住，再系上一个细细的蝴蝶结，看上去像个高年级大姐姐的模样，可把小豆豆高兴坏了。她在镜子前面瞅来看去，直到确定好看得不得了(其实，和大姐姐们的辫子比起来，小豆豆的头发又少又短，辫子看上去像是小猪的尾巴)，然后赶紧跑到牧羊犬洛基那里

去，很珍重地握住自己的小辫子给洛基看。洛基眨了两三下眼睛。小豆豆说：

“你的毛要是也能编成小辫子，那有多好啊。”

然后小豆豆就上学去了，因为想着“可不能弄坏小辫子”，上电车的时候，就尽量保持脑袋不动，心里还在暗暗地盼望，也许电车上会有人说“哎呀，好漂亮的小辫子”，可惜的是，没有一个人这么说。不过到了学校以后，同班的美代、朔子、青木惠子她们一起嚷了起来：

“哇！扎小辫子了！”

这已经让小豆豆心满意足了。她们几个还轻轻地摸了摸麻花辫。但是，男生却没有人说“哇”，好像都没在意。

不过，吃过午饭后，同班的大荣君突然大声说：

“哎？小豆豆的头发，好像和平时不一样！”

小豆豆非常高兴，终于也有男孩子发现小辫子了！所以，她得意地说：

“是啊，这是小辫子。”

可是大荣君来到小豆豆面前，突然伸出两只手抓住了小辫子，嘴里唱歌似的哼了起来：

“啊——今天很累啦，正好抓住点什么——这比电车的吊环，舒服多啦！”

但小豆豆的悲剧还不只这些。大荣君是班里长得最大最胖的男孩子，看上去似乎有瘦小的小豆豆两个大。大荣君一边说着“好舒服”，一边向后拉去，小豆豆趔趄了一下，一屁股坐到了地上。好好的小辫子被说成是“吊环”，小豆豆伤心极了，再加上摔了一跤，她不由得“哇——”地大哭起来。大荣君想把小豆豆拉起来，一边提着小辫子，开玩笑似的叫着：

“哎哟——哎哟——”

简直像运动会上的拔河那样，大荣君喊着号子，把小豆豆往上提。

在小豆豆看来，辫子是“成熟女人”的象征，所以，看到扎了小辫子的小豆豆，也许大家会像对待成年女子那样说“不好意思”的，谁知道竟然……小豆豆呜呜地哭着，一口气跑到校长室。

小豆豆一边抽泣，一边敲了敲门，校长先生打开门，像平时那样弯下腰，让自己和小豆豆一样高，问：

“怎么啦？”

小豆豆先检查一下小辫子是不是还完好如初，然后说：

“大荣君拉着这个，说‘哎哟——哎哟——’”

校长先生看看小豆豆，和小豆豆满是泪痕的脸正相反，细细短短的小辫子活泼地跳来跳去，像在跳舞一样。先生让小豆豆坐到自己对面的椅子上，自己也坐下，和平时一样，毫不在乎自己漏风的牙齿，笑嘻嘻地说：

“不要哭啊，你的辫子漂亮极了。”

小豆豆抬起泪水斑斑的脸，有点儿害羞地问：

“老师也喜欢小辫子吗？”

校长先生说：

“很好看啊。”

只这么一句话，小豆豆的眼泪就一下子停住了。小豆豆

从椅子上跳下来，说：

“如果大荣君再这么‘哎哟——’地拉它，我也不会哭了。”

校长先生点点头，笑了起来。小豆豆也笑了，高兴的笑脸和小辫子相映成趣。小豆豆鞠了一个躬，然后向运动场跑去，和大家一起玩了起来。

玩着玩着，不知不觉地，小豆豆已经忘记了自己哭过的事，这时却看见大荣君挠着脑袋，向小豆豆跑了过来。大荣君站到小豆豆面前，喘了口气，大声说：

“对不起。刚才我不该拉你的辫子。我被校长先生教训过了，他说对女孩要友好，一定要尊重女孩，爱护女孩。”

小豆豆有些吃惊，因为在这之前，她还从来没有听说过“对女孩要友好”这样的话。趾高气扬的总是男孩。小豆豆知道，有的人家有好多孩子，平时吃饭也好，吃点心也好，都是先让男孩吃的。如果女孩说了什么话，那家的妈妈就会说:

“一个女孩家，不要多嘴！”

可是，校长先生却对大荣君说“要尊重女孩”。小豆豆真有些奇怪，但更多的是觉得高兴。这当然啦，任何人得到别人的尊重，都会非常快乐的。

这天发生的事情，对大荣君来说，也有一个很大的触动。“要爱护女孩，要对她们友好！”这是他永远不会忘记的回忆。为什么这么说呢？因为大荣君在巴学园期间，被校长先生教训过的经历，无论是在这以前，还是在这之后，就仅仅这么一回。

## “Thank You.”

寒假到了，和暑假不同的是，这一次大家没有在学校里举行活动，而是在家里度过。右田君对大家宣布：

“我要到九州的爷爷家里，一起过新年！”

爱好化学实验的阿泰也兴冲冲地盼望着：

“我要和哥哥一起，去一个物理研究所参观。”

大家也纷纷说着自己的计划，一边道别：

“再见，再见！”

小豆豆的计划，是和爸爸妈妈一起去滑雪。爸爸的朋友——同一乐团的大提琴手兼指挥斋藤秀雄先生，在志贺高原上拥有一所非常棒的房子。所以，几乎每年冬天，小豆豆一家都去那里度假。小豆豆从上幼儿园的时候，就开始学习滑雪。

出了车站，乘上马拉的雪橇来到志贺高原，那里是一片

白茫茫的雪的世界。那里并没有缆车什么的，滑雪场地上，有时会看到残留的树桩。妈妈告诉小豆豆，如果来滑雪的人不像斋藤先生这样在这里拥有一所房子，在志贺高原上还有一家旅馆、一家酒店可以住。有趣的是，这里的外国人非常多。

今年和往年不同的是，小豆豆已经成了一年级的小学生，而且，她还学会了一句英语，那就是爸爸教的“Thank You”(谢谢你)。每当小豆豆蹬上滑雪板、站在雪上的时候，从她身边经过的外国人总要说几句什么，大概是“真可爱啊”之类的话，但小豆豆并不明白。所以直到去年，小豆豆一直沉默不语。但是今年，再遇到这种情况的时候，小豆豆就稍微低下头，说：

“Thank You.”

这么一说，那些外国人越发高兴起来，微笑着说了好多话。其中，还有一位阿姨把自己的脸紧紧地贴在小豆豆脸上，还有的叔叔紧紧地抱了抱小豆豆。小豆豆觉得自己只说了一句“Thank You”，大家就对自己这么亲近，真是很有意思。有一天，他们中一位很和气的年轻男子来到小豆豆面前，做手势表示：

“站到我的滑雪板前面来，好吗？”

小豆豆问了问爸爸，爸爸说“可以”，于是小豆豆就对那位叔叔说了一句“Thank You”。那个人让小豆豆蹲到自己的滑雪板的前端，把两边的滑雪板对齐，然后沿着志贺高原最缓的长坡，像风一样地滑了下去。小豆豆只觉得耳朵两边的风声呼呼地响，她用两只手抱住膝盖，努力不让自己往前俯冲下去。虽然有点儿害怕，但非常非常快乐！滑完之后，围观的大人们拍起手来。小豆豆从滑雪板的前端站起来，稍稍低下头，对大家说：

“Thank You.”

人们越发拍起手来。

这位年轻人叫舒奈尔德，是世界上有名的滑雪家，他总是喜欢用罕见的银色滑雪杖。这些都是小豆豆以后才知道的。不过当时小豆豆就喜欢上了这个人，因为滑完雪之后，大家鼓掌称赞，然后这个人弯下腰，握住小豆豆的手，非常尊重非常温和地看着小豆豆，对她说：“Thank You.”

这位年轻人不是把小豆豆当作小孩子来对待，而是看作一位成年的女士来尊重。当这位男子弯下腰来的那一瞬间，小豆豆从心里感到了他的友好和彬彬有礼。在他的身后，是一片纯白的世界，无边无垠地伸展开去。

# 图书室

寒假结束了。重新聚集到学校的小学生们，在课间休息的时候，发现了一件奇妙的事情，不禁兴奋地叫了起来。

原来，在大家上课的电车教室的对面，也就是礼堂两边的花坛旁，又添了一辆电车！原来这是寒假期间预备好了的做图书室用的电车，一切都已经准备停当。大家尊敬的校工阿良叔叔，一定费了好多力气才准备好的。电车里装上了好多书架，摆满了各种颜色、各种字体的书。而且，还摆上了桌子和椅子，可以直接在那里看书。

校长先生说：

“这是你们的图书室。这里摆着的书，谁都可以读，读哪一本都行。不要说什么‘几年级的学生该读哪些’这样的话。只要喜欢，什么时间来图书室都可以。如果有想借的书，也可以带回家读，读完之后，再把书还回来。如果你家里有什么好书，希望大家都读一读的话，老师非常欢迎你拿来给同学们看。总之，请你们多多读书。”

大家七嘴八舌地对先生说：

“哎，今天的第一节课，就上图书课吧。”

“是吗？”

校长先生看到大家兴奋的样子，高兴地笑了，说：

“既然大家都这么说，那就这么办吧。”

于是，巴学园全部的学生，一共五十人，全部挤到了一辆电车里。大家吵吵嚷嚷地各自选好了书之后，想要坐下来的时候，却发现只能坐得下一半左右的人，其余的只好站着看了。所以，就出现了一幅大家在拥挤的电车上站着看书的情景。这幅情景，乍一看很好笑，但大家都快活得不得了。

小豆豆还不认识多少字，所以她挑了一本有很多“有趣的画”的书。

大家把书拿到手里，开始翻看的时候，电车里顿时静了下来。但是，只安静了片刻工夫，就听到这里那里传来朗读声、问别人不认识的字该怎么读的声音、互相换书看的声音、笑声，等等，此起彼伏。其中，有个孩子开始读一本叫作“边唱边画”的书，他大声地唱着：

圆中一点，圆中一点

竖着两下，横着两下，

圆中一点，

一个大圆，三个半圆

头发三根，头发三根，头发三根，
一眨眼间，一个太太。

这个孩子一边大声地唱着，一边就画出了一个梳着圆圆发髻的太太。由于巴学园的孩子们每天都是从自己喜欢的科目开始学习，他们所受的教育是：“如果觉得‘旁边太吵闹了，我没法学习’，那就很麻烦了。要练习无论周围怎么嘈杂，都能够立刻集中精力。”所以，孩子们并不怎么在意那“圆中一点……”的声音，虽然也有别的孩子跟着一起唱，但大家都埋头看自己的书。

小豆豆拿的那本书是民间故事，讲的是一个有钱人家的姑娘，因为很爱放屁，老是嫁不出去。好不容易找到婆家了，姑娘实在太高兴了，竟然在婚礼的那天晚上，放了一个比平时都大的屁！睡在一边的新郎被这阵风吹得飞了起来，围着屋子转了七圈半，昏死过去。“有趣的画”画的是那个男人在屋子里飞来飞去的情景。这本书以后成了大家抢着看的热门书。

总之，全校的学生忍着大家挤在一起的不舒服，在从车窗射进来的阳光中，热心地看着书。孩子们读书的样子，在校长先生看来，一定是非常动人的。

结果，那天，大家在图书室度过了整整一天。

从那以后，每当遇到下雨天大家不能在外面活动啦，或者各种别的情况下，图书室就成了大家集中的场所。

于是有一天，校长先生说：

“过几天，好像该在图书室附近修一个厕所了。”

这是因为，大家在图书室读书的时候，都等到憋得实在不行了才会往厕所跑。无论是谁，都是狼狈万分地向礼堂对面的厕所狂奔过去。

# 尾巴

这是一天下午发生的事。放学后，小豆豆正在收拾东西准备回家。正在这时，大荣君跑了过来，压低了声音说：

“校长先生发火了。”

“在哪里？”

小豆豆问。因为，迄今为止，小豆豆还从来没有看到过校长先生发怒的样子，不禁十分惊奇。大荣君因为急急忙忙地跑了过来，加上十分吃惊，大眼睛瞪得圆溜溜的，鼻翼也有点儿鼓了起来，他说道：

“在校长先生家的厨房里。”

“去看看？”

小豆豆抓住大荣君的手，向校长先生家的厨房跑去。校长先生的家就在礼堂的侧面，厨房则靠近校园的后门。有一次小豆豆跳进了厕所的掏口里，就是在厨房里面的洗澡间洗干净的，另外，午餐时“海的味道”和“山的味道”的菜肴，也是在这个厨房里做出来的。

两个人蹑手蹑脚地走近厨房，厨房的门已经关住了。果然，从门缝中传出校长先生发怒的声音：

“到底为什么，您要那样随便问高桥君‘有没有尾巴’？”

然后听到了小豆豆的班主任老师的声音。对校长的责问，女老师回答道：

“我没有什么别的意思。我只是看到了高桥君，觉得很可爱，就随口说了一句。”

“您难道不知道这有多严重吗？我对高桥君费了多少心思，这一点，您怎么才能理解呢？”

小豆豆想起了今天上午上课的事。早晨，班主任老师说：

“古时候，人是有尾巴的。”

这是非常有趣的话题，大家都非常高兴。用大人的话说，这是进化论的初步知识，总之是很少见的话题。特别是，当老师说到：

“……所以，现在我们都有尾骨，这是尾巴退化后留下来的。”

这个时候，以小豆豆为首，大家开始互相摸哪里是尾骨，教室里乱成一团。在这个话题的最后，老师开玩笑地说：

“有没有人还有尾巴呢？高桥君，你有没有呢？”

高桥君急忙站了起来，摇着小小的手，认真地说：

“我没有。”

小豆豆明白了，校长先生正是因为这件事而发怒。

现在校长先生的声音，不像是在发火，而是充满了悲伤：

“您有没有想过，高桥君被您问‘有没有尾巴’，他会是什么心情呢？”

女老师没有回答。小豆豆不明白为什么尾巴的事情，会惹得校长先生这么生气。“如果老师问我有没有尾巴，我一定高兴死了。”

的确如此，像小豆豆这样的孩子，身体上没有任何缺陷，所以，即便老师问“有没有尾巴”，也一点不会在意。可是，高桥君的个子已经不可能再长高了，他自己也知道这一点。所以，校长先生在开运动会的时候，特意设计了适合高桥君的项目，让他可以取得好成绩；而且为了消除身体上有障碍的孩子的自卑心理，先生让大家都不穿泳衣，一起到池子里游泳。总之，为了使高桥君、泰明这样身体上有障碍的孩子能够去掉自卑心理，以及“我比别的孩子劣等”的想法，校长先生尽了他能作到的种种努力。而事实上，这些孩子们也确实没有什么自卑的情结。但是，女老师因为觉得高桥君很可爱，就顺口说出一句“是不是有尾巴呢”这样的话，实在是有欠考虑，这也是校长先生始料不及的。关于尾巴这件事，是校长先生偶然知道的，因为上午上课的时候，先生正在后面参观课堂。

女老师哭了起来，只听她说道：

“确实是我做错了。我怎么向高桥君道歉才好呢？”

校长先生沉默了。这时候，小豆豆很想看一看校长先生，但从玻璃窗上看不到。虽然小豆豆并不清楚为什么要看一看先生，但她更深切地感觉到，校长先生的确是我们的好朋友。大荣君肯定也有这个想法吧。

校长先生对班主任老师发火的时候，没有选择还有别的老师在的职员室，而是在谁也看不到的厨房里，这件事给小豆豆留下了深深的印象。从这件事上，能够看出小林先生作为一位真正的教育者的处事方式。这一点，虽然当时的小豆豆还不能理解，但不知为什么，先生的声音却总是留在心里，无法忘怀。

春天来了……对小豆豆来说，巴学园的第二个春天，已经真实地向她走来了。

# 第二个春天

校园里的树木，又长出了柔软的绿叶，花坛里的花朵，也急急忙忙绽放。番红花、喇叭水仙、三色紫罗兰等等，接二连三地盛开了，向巴学园的小学生说着“你们好”。郁金香舒展开长长的茎，像是要长个头儿似的；樱花的花苞在清风中摇曳，仿佛在等待着“准备——开始”的信号，好一齐开放。

游泳池旁边有一个小小的四方形水泥洗脚池，有黑色的凸眼金鱼和别的好多金鱼住在那里。本来它们静静地一动不动，但是现在也开始轻柔地舒展开身体，高兴地游了起来。

一切都是这么光彩照人，清新活泼，洋溢着勃勃生机。这个季节，即便人们不说，也都心照不宣，那就是“春天来了”。

回想妈妈带着小豆豆，第一次来到巴学园的那天早晨，小豆豆看到从地里长出来的大门，非常吃惊；看到电车教室，高兴得直想飞奔上去；在心里暗暗决定校长小林宗作先生

“是我的朋友”。从那以来，整整一年过去了。小豆豆幸运地成了二年级学生啦，好光荣！而且，新的一年级学生也好奇地东张西望着，走进了巴学园，真像小豆豆他们当初一样。

对小豆豆来说，这一年过得非常充实，她热切地期盼着每一天早晨的到来。虽然小豆豆仍然喜欢宣传艺人，这一点并没有什么变化，不过在她的周围，又有了许许多多她喜爱的东西。被以前的学校当成“麻烦学生”而不得不退学的小豆豆，现在却成长为最具巴学园特点的学生了。

但是，“有巴学园特点的学生”这一点，从某种意义上来说，很让家长们担心。即便是小豆豆的爸爸妈妈，他们把孩子完全托付给学校，非常信赖巴学园，但偶尔也会担心：“这样不要紧吧？”更何况，有的家长对小林先生的教育方针本来就是半信半疑，他们中有的人仅仅凭着眼前的事情来判断和决定一切，想：“再把孩子放在这里的话，可不得了！”甚至有的家长还办了转学手续。但是，孩子不愿意离开巴学园，哭了起来。幸运的是，小豆豆的班上没有人转学。可是曾经有一个比小豆豆高一级的男孩子，一边流着眼泪，一边默默地用拳头轻轻捶着校长先生的后背。他的膝盖上摔倒时弄的伤口已经结痂，疮痂已摇摇欲坠。校长先生的眼圈也通红通红。但是，那个男孩终于还是被父母拉走，离开了学校。他一遍一遍地回头看，一遍一遍地挥着手，但终于走了……

不过，悲伤的事情毕竟不多，小豆豆成了二年级的学生，二年级的日子，一定也充满了新奇和快乐。

小豆豆背上的书包，已经完全熟悉了这样的学生生活。

# 天鹅湖

这天，小豆豆被领去日比谷礼堂观看芭蕾舞《天鹅湖》，因为小豆豆的爸爸要在舞剧中演奏小提琴独奏，还有一个原因是，这幕舞剧是由一个非常优秀的芭蕾舞团表演的。小豆豆还是第一次观看芭蕾舞，天鹅公主头上戴着闪闪发光的小王冠，像真天鹅那样，轻盈地在空中飞舞着（在小豆豆看来，真的是飞了起来）。王子爱上了天鹅公主，所以无论别的女人向他表白什么，他总是用舞蹈来表示“不行”。最后，两个相爱的人终于一起翩翩起舞，音乐也极为优美，小豆豆非常喜欢。回到家之后，小豆豆还在一直想着这幕舞剧，感动极了。第二天一大早，小豆豆一睁开眼睛，头发还乱蓬蓬的，就立刻跑到在厨房忙着的妈妈身边，说：

“我决定不做间谍了，也不做宣传艺人了，也不做在车站卖票的人了，这些全都不做了。我要做一个扮演天鹅的芭蕾舞演员！”

妈妈一点儿也不吃惊，说：

“是吗？”

小豆豆虽然是第一次看芭蕾舞，但在这之前，她就经常听校长先生讲，美国有一位名叫伊莎朵拉·邓肯的女舞蹈家，她的舞跳得棒极了。邓肯和小林先生一样，都受过达克罗兹的影响。自己尊敬的小林先生所喜欢的邓肯，小豆豆当然也很喜欢，尽管没见过邓肯，小豆豆却对她有一种亲近感。所以，在小豆豆看来，想要成为一个舞蹈演员，并不是什么难以理解的事情。

凑巧的是，正好有一个好机会。那时，小林先生的一位朋友来到巴学园教韵律操，这位先生在学校旁边有一间舞蹈教室。于是小豆豆的妈妈就拜托这位先生，请他安排小豆豆放学以后，到舞蹈教室学习舞蹈。妈妈从来不对小豆豆说“应该去干什么”，小豆豆如果说“我想干什么”的时候，妈妈就会说“好啊”，然后并不多问什么，但她会把孩子们做不了的手续上的事情，帮助孩子做好。

小豆豆憧憬着能够早日成为跳天鹅湖舞的人，兴冲冲地去那间舞蹈教室学习。但是，那位先生的教法却与众不同。除了在巴学园学习的韵律操之外，还有合着钢琴或者唱片中的音乐，一边说着“山上晴天”之类的话，悠闲地走来走去。先生会突然说一声“造型”，于是学生们就自己创造出各种姿势，静止在那里。先生在“造型”的时候，也会和学生们一起喊一声“啊哈”，做出“仰头看天的样子”，或者有时像“痛

苦的人”那样两只手抱住头，蹲在地上一动不动。

但小豆豆梦想的，却是闪闪发光的小王冠和白色的蓬松舞裙，并不是“山上晴天”，也不是“啊哈”。

有一天，小豆豆鼓起勇气，来到那位先生的面前。先生虽然是男子，但他头发的刘海却修剪得像童花头的样子，而且还有点儿卷曲。小豆豆舒展开两只手臂，像天鹅那样翩翩起舞，一边问先生说：

“我们不学这样的舞吗？”

先生的脸极为英俊，鼻梁挺拔，眼睛大而深。他回答道：

“我这里不学这样的。”

这之后，小豆豆渐渐不去那位先生的舞蹈教室了。虽说不用穿芭蕾舞鞋，赤足转来转去，做出自己想象出来的各种姿势，也挺有意思的，但是，小豆豆实在是想戴上那顶闪闪发光的小王冠。

分别的时候，先生说：

“天鹅舞当然很好，但是，自己创作出来的舞蹈也很有趣，你可不可以试着去喜欢它们呢？”

这位先生，其实就是日本自由舞的创始者石井漠。东横线在这个地方的车站名叫“自由之丘”，就是这位石井先生命名的。当然，知道这些，还是小豆豆长大之后的事。

可是，当时已经五十岁的石井漠先生，却充满真诚地希望教给年纪尚幼的小豆豆“自由舞蹈的快乐”。

## “旱田”老师

“注意啦，这位是我们今天的老师，会教给大家好多东西呢。”

校长先生这样向孩子们介绍一位新的男老师。小豆豆仔细观察这位新老师，他的打扮好奇怪啊。他上身穿着条纹短褂，胸口处露出里面的针织衬衫，没有打领带，却在脖子上围了一条毛巾。裤子是藏青色棉布质地的，像是朝鲜裤子那样细细的，脚上穿的不是皮鞋，而是胶底布鞋。而且，头上还戴了一顶有点儿破了的草帽。

那么，小豆豆他们现在是在哪里呢？原来在九品佛的池塘旁边。

小豆豆盯着这位老师，仔细打量了一会儿，突然觉得他有点儿似曾相识。

“哎……是在……”

老师的脸被太阳晒得黑黝黝的，虽然有不少皱纹，但显得很和气。老师的腰上系了一条黑布带，那是当作腰带的，布带上垂着一个烟袋，这也不像是第一次看到……

“噢！”

小豆豆终于想了起来：

“哎，老师，您是不是总在河边的旱田里？您是种庄稼的吧？”

小豆豆非常高兴地问。穿着胶底布鞋的老师也高兴地笑了，露出洁白的牙齿，笑得脸上全是皱纹。

“是啊。你们去九品佛散步的时候，都要经过我家，记不记得？那边正开着油菜花的那块地，就是我们家的。”

“哇！伯伯现在是老师啦！”

小豆豆他们全都兴奋起来。和气的伯伯摆摆手说：

“不是，我可不是老师，我是农民。今天，是校长先生托我来的。”

校长先生就站在农民老师的身边，说：

“可不能这么说。今天，要请您教给孩子们怎么种庄稼，关于种庄稼的事，您当然是老师。正像学习做面包的时候，面包师傅就是老师。请您开始指导孩子们吧。”

在别的小学，通常都有各种规定，教给孩子们知识的人，必须取得“执教资格”之类。但小林先生却不在乎这些。小林先生认为，让孩子们看到“真正的东西”，是非常必要的，也是最重要的。

“好啦，开始吧。”

“旱田”老师说。大家所在的地方，是九品佛的池塘周围特别安静的地带，池水中映出树木摇曳的影子，令人心旷神怡。为了装下小铁锹呀、锄头呀这些种庄稼的工具，校长先生事先让人运来半节电车车厢。这半节车厢现在正静静地停在孩子们要去种的旱田中央。

“旱田”老师先让孩子们从电车里取出小铁锹、锄头等工具来，然后，老师先从除草讲起。老师告诉大家杂草的害处，像“杂草有多么结实”啦，“杂草比庄稼长得快，所以挡住了庄稼的阳光”啦，“害虫很容易在杂草中找到安身之地”啦，“杂草吸收了土地中的养分”啦，一点儿一点儿地教给大家。而且，老师一边说着话，手上丝毫不停地拔着草。大家也学着老师的样子拔草。然后，老师又告诉孩子们怎样用锄头翻地，怎样在地里培垄，怎样播撒萝卜种子，怎样施肥……总之，种庄稼要干的活儿，“旱田”老师都一项一项地做给大家看，嘴里还不停地解释着。在学习种庄稼时，不知从哪里钻出来一条小蛇，差点把高年级的阿隆的手咬伤，但是“旱田”老师告诉大家：

“这一带的蛇都没有毒，而且，只要我们不去惹它们，它们是不会主动攻击我们的。”

这么一说，大家都放心了。总之，“旱田”老师不仅教给大家怎么种庄稼，还告诉大家好多好多有趣的事儿，有关虫子啦，鸟儿啦，蝴蝶啦，还有天气的知识。“旱田”老师结实的手上骨节突起，好像在告诉大家，他说的每一句话、每一件事，都是自己经历过、自己发现的。“旱田”老师手把手地教孩子们怎么干活儿。大家忙得满头大汗，终于干完了播种的活儿。无论从哪个角度看——虽然有些垄有点歪歪扭扭的——今天的庄稼活儿实在是干得很漂亮。

从那天以后，巴学园的孩子们每当遇到这位伯伯，隔得大老远的，就充满敬意地大声叫：

"'旱田'老师！"

"旱田"老师把自家田里多出来的肥料，施到了学校的田里。大家种的小苗儿茁壮地长了起来，每天都有人跑去看看庄稼怎么样了，然后回来向校长先生和同学们报告。"我种的种子居然发芽了！"这是多么不可思议，多么令人惊讶，又多么让人高兴啊！每当几个人凑到一起的时候，孩子们总会谈论起自己的庄稼。

当时，世界上好多地方，连续发生了非常恐怖的事情。但值得庆幸的是，正在认真谈论小小田地里庄稼的孩子们，此刻还处在和平的环境之中。

# 野炊

放学了，小豆豆快步走出校门，和谁也没有打招呼，甚至连“再见”也没有说，就急匆匆地来到自由之丘车站。一路上，小豆豆翻来覆去地念叨着一句难懂的话，简直像在说单口相声：

“等等力溪谷野炊。”

如果这时有人来到小豆豆身边，说一句什么：

“寿无疆寿无疆五劫俱过……”①

那小豆豆肯定会忘了自己刚才说的是什么。要是有个什么东西“刷”的一下飞过水塘，小豆豆也会忘记这句话。所以，最保险的办法，莫过于在嘴里不停地重复了。幸运的是，

---

① 这句话来源于日本“落语”中的一个讽刺故事：有一户人家生了男孩子，为了祈祷孩子健康长寿，特地请和尚为他取了一个极长的名字“寿无疆寿无疆五劫俱过……长久命之长助”。

在电车上没有人和小豆豆搭话，也没有什么有趣的事来分神，也没有突然“哎”地想起来什么，电车安安稳稳地到了站。不过，当小豆豆下了车，正要走出车站的时候，车站里熟悉的大叔对她说：

“回来啦？”

小豆豆说“我回来了”，话一脱口，险些接着说“我回来了野炊”，赶紧用左手捂住嘴，右手向大叔招了招，说了声再见，飞快地朝家里跑去。

一回到家，人还在大门口，小豆豆就大声叫道：

“等等力溪谷野炊。”

一时间，妈妈以为小豆豆在学四十七义士讨伐仇人，或者学闯进练武场闹事的人，但妈妈马上就明白了小豆豆在说什么，原来是：

“等等力溪谷野炊。”

等等力是东京的一处名胜，从小豆豆上学的自由之丘，再往前坐三站，就到了等等力。那里有瀑布、小河，有茂密秀美的树林，被称为“等等力溪谷”，小豆豆他们就是要到那里野炊。妈妈不由得感叹：

“能够记住这么难的话，可见孩子们对自己感兴趣的东西，是可以牢牢记住的。”

小豆豆终于从那句难记的话中解放出来了，开始高高兴兴地对妈妈说这说那。下个星期五早晨在学校集合，一起出发去等等力溪谷。要带的东西有茶碗、饭碗、筷子，还有一合大米。小豆豆还不忘加上一句：

“一合大米，就是正好装满一茶碗，煮熟之后，就有两茶碗那么多。”

而且，小豆豆他们还要做肉汤，所以还要带一点儿肉和蔬菜。另外，能再带一些点心之类的就更好了。

从这天起，每当妈妈在厨房里忙活的时候，小豆豆总是紧紧地跟在妈妈身后，研究妈妈怎么使用菜刀，怎么端起锅来，怎么盛饭等等。看妈妈做饭，真是很让人愉快。小豆豆特别喜欢妈妈的一个动作，那就是，妈妈拿起锅盖之类烫手的东西时，就会一边叫着“噢哟哟哟哟……”一边赶紧把手放到耳垂上。妈妈告诉小豆豆：

“因为耳垂是凉的。”

小豆豆觉得，这个动作太有大人味了，而且一看就是厨房里的专家才会做的动作。所以，小豆豆暗暗下了决心：

“在等等力溪谷野炊的时候，我也要这么做。”

终于盼来了野炊的日子。孩子们下了电车，来到了等等力溪谷。校长先生在树林里看到孩子们集合起来，阳光从高大的树木枝叶间隙流泻下来，孩子们的脸上也洋溢着光彩，可爱极了。每个孩子的登山包都是鼓鼓囊囊的，大家静静地等待校长先生指挥下一步干什么。在孩子们身后，是著名的等等力瀑布。丰沛的瀑布水流发出强劲的哗哗声，节奏既激扬又优美。校长先生说：

“准备好了吗？几个人分成一个小组，先用老师们带来的砖头搭几个炉灶，然后大家分头行动，在溪水里淘米，在火上煮熟以后，再开始做肉汤。好，下面开始行动！”

同学们用猜拳的方法来分组，因为全校学生不过五十人左右，很快就分成了六组。在地上挖了坑，然后把砖围在坑的周围砌好，在砖灶上放上一个细细的铁丝网似的东西，用来作为放锅和饭盒的台子。在这段时间里，另外一些小学生已经从树林里捡来了好多干柴，还有的孩子去溪水边淘米。总之，孩子们自己把工作分开。小豆豆自告奋勇去切菜，做肉汤。还有一个比小豆豆高两年级的男孩子也担任切菜的工作，那个男孩切的菜，有的大有的小，形状歪歪扭扭，非常好笑。他的鼻子上满是汗水，却仍然再接再厉地奋斗着。小豆豆学着妈妈的样子，把大家带来的茄子、土豆、大葱、牛蒡等切成大小适中的块儿，切得非常均匀，漂亮极了。而且，切着切着，小豆豆灵机一动，还把黄瓜和茄子切成薄薄的片儿，用盐腌上，细心地做成咸菜。时不时，她还指教一下正在勉力奋斗的高年级男孩，说“这么切怎么样”，所以，不知不觉间，仿佛自己也变成了妈妈那样的专家。大家都非常佩服小豆豆，居然能够做出这么好的咸菜。小豆豆把两只手放在腰间，做出谦虚的样子，说：

“我只是试着做一下。”

肉汤的调味，是根据大家的意见决定的。每个小组都传来“呀——”、“哇——”、“讨厌”这样的笑闹声。树林中的各种鸟儿，也大声地鸣唱起来，好像要和小学生们一起玩闹似的。不一会儿，每一只锅里都冒出缕缕香气。在这以前，大部分的孩子在自己家里，都没有这么耐心地看过锅里，也不曾自己照料炉火。大家都习惯了等饭菜摆在桌子上的时候才去吃。所以，通过这次野炊，孩子们体会到了自己做饭的乐趣，同时也知道了做饭是多么不容易，还知道了各种食物从生到熟，会发生好多变化。这些对孩子们来说，都是了不起的新发现。

渐渐地，每一个灶上的饭菜都做好了。校长先生让大家在草地上铺好座位，围成一个大圆圈，每个小组前面都摆上了锅呀，饭盒呀。但是，小豆豆他们的小组却要等一等了，因为小豆豆决心要做的那个得意动作——拿起锅盖，“噢哟哟哟哟……”还没有做呢！于是，小豆豆拿起锅盖，故意说着“噢哟哟哟哟……”把两只手的手指放到两个耳垂上，然后说：

“好啦！”

还不太清楚是否真的好了，小豆豆就把锅端了过去。这个摸耳垂的动作，虽然没有人赞美说“真棒”，但小豆豆已经非常满足了。每个人面前的茶碗和饭碗，都冒出了热气。孩子们热切地望着热气，因为这会儿他们的肚子都饿了。而且，更重要的是，这是自己亲手做出的饭菜。

“好——好——嚼——啊，把吃的东西……”唱过之后，是“我吃啦”，然后，树林中一下子安静下来，只剩下瀑布的声音。

## “真是一个好孩子！”

每当校长先生看到小豆豆，先生就会说：

“你真是一个好孩子。”

这时候，小豆豆就高兴地笑，蹦蹦跳跳地说：

“是啊，我是一个好孩子。”

于是，小豆豆也觉得自己的确是一个好孩子。

确实，小豆豆身上有好多好孩子的优点。她对大家都很友好，特别是当有的朋友因为身体上有缺陷，被别的学校的孩子欺负时，即便外校的学生一拥而上，小豆豆也要拼命地保护朋友，哪怕自己被弄哭也不在乎。遇到受伤的动物，小豆豆就不顾一切地照顾它们。但同时，小豆豆也有不少缺点，当她看到奇怪的事情、有趣的事情时，为了满足自己的好奇心，经常做出让老师们大吃一惊的事来。

比如说，早晨开会的时候，小豆豆一边往前走，一边把头发分成两个辫子，辫子垂在脑后，把辫梢从两个胳肢窝里伸出来，用胳膊夹住，表演给大家看。有一次轮到小豆豆值日，她把电车教室地板上的盖子掀起来(这本来是为了检查电车马达而留的盖子)，把垃圾扔进去，可是再想盖上的时候，却怎么也盖不上了，于是大家乱成一团。还有一次，小豆豆听别人说，大块的牛肉都是用钩子挂在那里的，于是从早晨开始，只用一只手抓住最高的单杠，一动不动地挂在那里，过了好一会儿。女老师问“为什么这样呢”，小豆豆正大声叫着“我今天是牛肉”，却突然“啪”的一声摔了下来，一整天再也说不出话来。还有，午休的时候，小豆豆在校园后面的路上溜达，看到路上铺着一张报纸，不禁十分高兴，从远处弹跳起来，飞快地跑上去，跳到报纸上。结果，那是清扫的人移开了厕所掏口的盖子，为了遮住臭味，才盖上报纸的。于是小豆豆“扑通”一声掉进了厕所里，一直陷到胸口处……诸如此类让自己大吃苦头的事，几乎每天都会发生。但是，在发生这种事情的时候，校长先生绝对不会把小豆豆的爸爸妈妈请到学校来。别的孩子也都一样，每当有这类事情发生的时候，都是在校长先生和学生之间解决。正像小豆豆第一次来巴学园的时候，校长先生听她说了四个小时的话那样，发生问题时，校长先生总会耐心地听每一个孩子的解释。即便孩子们找的是借口，先生也会认真地听下去。当的确是“孩子做错了”，而且，“孩子自己也知道错了”的时候，先生会说：

“请为这件事道歉。”

不过，可能大家对小豆豆的抱怨和担心的声音，已经通过小学生的家长或者老师们，传到校长先生的耳朵里了吧。所以，每当校长先生有机会，就要对小豆豆说：

“你真是一个好孩子。”

如果一个大人仔细地听这句话，就会发现，“真是”这个词中，含有非常深的意义：

“虽然别人觉得你有好多地方不像一个好孩子，但是，你‘真正’的性格并不坏，有好多好的地方，老师理解你。”

校长小林先生一定是想把这个意思传达给小豆豆。遗憾的是，小豆豆明白这一层意思，是在经过了几十年之后。不过，当时的小豆豆虽然还不能理解先生话中真正的含义，但在她的心中，也怀有了“我是一个好孩子”的自信。因为，每当小豆豆要做一件什么事的时候，她都会想到先生的这句话。不过，有时候做完一件事之后，才会发现“哎，怎么这样”，这种情况也是有的。

或许正是这句宝贵的话，决定了小豆豆的一生。而且，令人感动的是，小豆豆在巴学园的日子里，小林先生不断地对她说着这句话：

“小豆豆，你真是一个好孩子！”

# 新 娘

今天，小豆豆伤心极了。

小豆豆现在已经是三年级的学生了，她很喜欢同班的阿泰。阿泰非常聪明，物理学得特别好。而且，阿泰还会英语。小豆豆第一次知道“狐狸”的英语是什么，就是阿泰教的。

“小豆豆，‘狐狸’用英语说，是‘fox’。”

“‘fox’？”

那天，小豆豆的耳边，一整天都响着“fox”的声音。所以，每天早晨，小豆豆来到电车教室后，第一件事就是把阿泰文具盒里的铅笔，全部用铅笔刀削得漂漂亮亮的。而小豆豆自己的铅笔，却是用牙咬一咬，就凑合着用了。

但是，今天阿泰却叫住了小豆豆。那是午休的时候，小豆豆仍然像平时一样，在礼堂后面，也就是厕所掏口附近散步，这时听到阿泰叫她：

“小豆豆！”

阿泰的声音好像带着怒气。小豆豆吃了一惊，赶紧站住。阿泰喘了一口气，说：

“长大以后，不管你怎么求我，我都不会娶你做新娘！”

只说了这么一句话，阿泰就低着头走开了。小豆豆呆呆地看着阿泰的脑袋——那是充满了智慧的脑袋，是自己尊敬的脑袋，是被戏称为“大头”的脑袋——直到阿泰完全从视线中消失。

小豆豆把手插在衣兜里，默默地想着，却怎么也想不起来哪里得罪了阿泰。没有办法，小豆豆只好去和同班的美代商量。美代听小豆豆说完，用大人似的口吻说：

“那就是啦，今天练习相扑的时候，小豆豆不是把阿泰摔出去了吗？阿泰的脑袋太重了，一下子就重重地跌到摔跤场外面去了。他当然会生气了。”

小豆豆从心里觉得后悔，是啊，自己这么喜欢的人，愿意每天为他削铅笔的人，为什么练习相扑的时候，就完全忘记了呢？竟然还把他摔了出去！可是后悔已经晚了，小豆豆注定做不成阿泰的新娘了。

“不过，明天还是要为阿泰削铅笔。”

因为，实在是喜欢人家嘛。

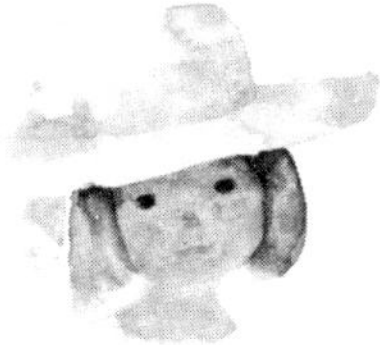



## 破学校

当时，小学生中流行“齐声唱”，就是大家一齐唱几句现编的歌。小豆豆在以前小学的时候，也经常这样。比如说，小豆豆以前的那个小学，每当放学后，小学生们走出校门的时候，一边回头看自己学校的校舍，一边唱：

“赤松学校，破学校！走进去一看，好学校！”

这时候，偶尔会有别的学校的孩子路过，那些孩子会指着赤松小学，大声地唱着贬损的歌：

“赤松学校，好学校！走进去一看，破学校！哇——”

根据学校的校舍是新还是旧，看一眼就能判断出是不是“破”，但更重要的是“走进去一看”。大家虽然还是小孩子，但也知道比起建筑物来，学校的内容更为重要，“走进去一看，好学校”才是真正的“好”，歌里就表现出了这个意思。既然说是“齐声唱”，一个人的时候自然就不唱，当五六个人在一起，或者人数更多的时候才会唱。

今天下午，巴学园的小学生们放学后，正在各自玩着喜欢的游戏。在最后一遍铃声（大家都管它叫作“驱逐铃”）响之前，孩子们可以做自己喜欢的任何事。校长先生认为给孩子们一些自由时间，让他们做自己喜欢的事，是非常重要的。所以在巴学园，放学后的游戏时间，比别的小学要长一些。

校园里，有的孩子在玩球，有的在玩单杠，有的在沙坑里滚得满身是泥，还有的在修整花坛，有的高年级女生坐在门廊式的小台阶上说话，还有孩子在爬树。总之，大家都随心所欲地做着自己喜欢的事。其中，还有像阿泰这样的孩子，仍然留在教室里，继续做物理或者化学实验，把烧瓶烧得咕嘟咕嘟的，用试管测测这个，试试那个。还有孩子仍然留在图书室里看书。喜欢动物的天寺君则抱着捡来的猫，观察猫的耳朵，研究着什么。总之，大家都兴高采烈。

这时候，从学校外面，突然传来大声的“齐声唱”：

“巴学园，破学校！走进去一看，还是破学校！”

“太过分了！”

小豆豆想。小豆豆这时正好在校门（其实是有根的、长着叶子的大树）那里，因而清清楚楚地听到了他们唱的歌。

“太过分了！里面外面都是‘破’的！”

别的孩子们也都这么想着，朝校门跑过来。于是，外校的那些男孩子大叫着“破学校！哇——”一哄而散。小豆豆气愤极了，为了平息自己的怒气，她一个人追了上去。可是，那些孩子跑得非常快，一眨眼的工夫，就拐进小巷里，不见了。小豆豆非常不甘心，但也只能慢慢地走回学校。

这时，不知不觉，小豆豆唱起歌来：

“巴学园，好学校！”

又走了两步，接着唱道：

“走进去一看，还是好学校！”

小豆豆非常满意这首歌，回到学校后，故意像外校的学生那样，把头从篱笆里钻进来，大声唱起来，让大家都能听到：

“巴学园，好学校！走进去一看，还是好学校！”

校园里的孩子们一开始不知道是怎么回事，都静了下来。看到是小豆豆在唱歌，大家觉得非常有趣，都跑到外面，齐声唱了起来。不知不觉间，大家肩并着肩，手拉着手，排成一队，围着学校转起了圈儿，一边转着圈儿，一边齐声唱着。其实，说是齐声，不如说大家是在“齐心”唱歌。但孩子们还没有意识到这些，只是觉得很好玩，很开心。所以，孩子们一遍一遍地围着学校转圈，一遍一遍地唱：

“巴学园，好学校！走进去一看，还是好学校！”

校长室里的校长先生，听到孩子们的歌声，会多么高兴啊！当然，这一点，小学生们并不知道。

对于教育者来说，尤其是对于真正为孩子们考虑的教育者来说，每一天都会遇到数不清的烦恼。更何况，像巴学园这样在各个方面都与众不同的学校，更会受到意见不同的人的批评和非难。在这种境况中，小学生们的合唱，对校长先

生来说，是比什么都珍贵的礼物。

孩子们毫不厌倦地唱啊唱啊，一遍又一遍。那一天，巴学园的“驱逐铃”，比平时的任何一天响得都要晚。

## 蝴蝶结

吃过午饭后，就是午休的时间。小豆豆一蹦一跳地正要穿过礼堂时，遇到了校长先生。说是遇到，其实她刚刚和校长先生一起吃过午饭，反正，先生是从对面走过来的，看上去就像遇上的那样。校长先生看到小豆豆，说：

“太好了，正好有一件事想问问你。”

“什么呀？”

小豆豆很高兴，先生居然有事情需要问自己，真让人高兴。校长先生看着小豆豆头上的蝴蝶结，说：

“小豆豆戴的这个蝴蝶结，是在哪里买到的？”

校长先生这么一问，小豆豆更加高兴了。因为，这个蝴蝶结虽然从昨天才开始戴，但它却是小豆豆发现的宝贝。小豆豆走近一点儿，让先生能够好好地看一看蝴蝶结，然后得意地告诉先生：

“这是姑姑过去裙子上的蝴蝶结，姑姑往柜子里收的时候，我看见了，姑姑就给我了。姑姑还说‘小豆豆的眼睛真尖啊’。”

先生听了小豆豆的话，若有所思地说：

“是这样啊，怪不得。”

小豆豆引以为傲的蝴蝶结，来历是这样的：前几天，小豆豆到姑姑家里玩，正好赶上姑姑晒衣服，为了防止衣服生虫子，姑姑把好多衣服一起拿出来晒，里面有一条紫色的裙子，是姑姑学生时代穿的。正当姑姑要把衣服收进去的时候，小豆豆一眼看到了那个好东西。

“哎，那个是什么？”

姑姑闻声停住手，原来好东西就是这个蝴蝶结，蝴蝶结缀在裙子的后身，在腰部偏上一点儿、那个硬硬的山形位置上。姑姑说：

“从后身看很漂亮的。在这个地方贴上手织的花边，或者缝上宽缎子，结成大蝴蝶的样子，是当时流行的式样呢。”

小豆豆听了这番话，更加喜爱这个蝴蝶结了，一直轻轻地抚摸着它，爱不释手。姑姑看出了小豆豆的心思，说：

“送给你吧，我已经不穿这件裙子了。”

说着，姑姑用剪刀把线剪开，把蝴蝶结取了下来，送给小豆豆。这个蝴蝶结的确漂亮极了，质地极为精美的缎子上，织上了玫瑰花等美丽的图案，简直像是画出来的。缎子很宽，而且像塔夫绸那样有弹力，结成蝴蝶结的时候，和小豆豆的脑袋一样大。姑姑说这是“外国货”。

小豆豆一边说着，一边不时地摇一摇脑袋，让先生听一听蝴蝶结发出的“沙沙”声。听小豆豆说完蝴蝶结的来历，校长先生脸上显出很为难的样子。“是这样的啊。昨天，美代说要一个小豆豆那样的蝴蝶结，我转遍了自由之丘的蝴蝶结店，但怎么也找不出这样的。是啊，原来是外国货啊……”

这时，先生不像是校长，更像一个被女儿缠得没有办法的爸爸。接着，先生对小豆豆说：

“小豆豆，美代总是吵着要这样的蝴蝶结，你上学的时候，可不可以不戴这个蝴蝶结呢？如果这样，就太谢谢你了。实在对不起，拜托了。”

小豆豆抱着胳膊，站在那里思索着。但只过了一会儿，她就爽快地说：

“好。从明天起，我就不戴这个了。”

先生说：

“是吗，太谢谢你了。”

小豆豆虽然有点儿遗憾，但转念一想，“既然校长先生这么为难，不戴蝴蝶结也没什么”，就很快决定了。促使小豆豆下决心的另一个理由是，她想到成年的男人，而且是自己特别喜欢的校长先生，在蝴蝶结店里拼命寻找蝴蝶结的样子，感觉怪可怜的。的确，在巴学园，和年龄没有关系，所有的人对对方的困难，都能够互相理解，互相帮助。这一点，不知从什么时候开始，已经成了巴学园中很自然的事情。

第二天，小豆豆上学后，妈妈来打扫小豆豆房间的时候，发现小豆豆心爱的大熊娃娃的脖子上，戴着那个漂亮的蝴蝶结。妈妈很奇怪，小豆豆刚刚欢天喜地戴上去的蝴蝶结，为什么这么快就不戴了呢？灰毛的大熊娃娃戴上蝴蝶结之后，立刻变得华丽起来。在妈妈看来，它仿佛很不好意思打扮得这么漂亮。

# 慰问

今天，小豆豆生平第一次去有很多伤兵的医院，慰问在战争中受伤的士兵。一起去的共有大约三十名小学生，分别从不同的小学来的，小豆豆都不认识。不知从什么时候开始，好像是根据国家的命令，小学中逐渐开始了一项活动，那就是从每所小学选出两三个小学生，像巴学园这样人数少的学校就选出一个小学生做代表，组成一个三十人左右的队伍，由某所学校的老师带领着，到住有伤兵的医院去慰问。今天，是小豆豆代表巴学园去的。带队的女老师戴着眼镜，瘦瘦的，不知道是哪个学校的。老师带着小学生们来到医院的病房里。病房里大约有十五名士兵，他们穿着白色的睡衣，有的躺在床上，有的坐起来迎接孩子们。小豆豆本来非常担心，不知道受了伤的人会是什么样子，但看到他们都笑着，挥着手，看上去很精神，也就放心了。不过，有的人头上还缠着绷带。女

老师让孩子们站到病房的中间，先对士兵们说：

“我们来看望各位……”

老师说了问候的话，大家也鞠了躬。然后，老师接着说：

“今天是五月五号，是男孩节，我们唱一首《鲤鱼旗之歌》[1]吧！”说着，老师迅速地把手高高举起，像指挥家一样对孩子们说：

“准备好了吗？预备——唱！”

老师精神饱满地指挥，手向下挥去。素不相识的孩子们一起大声唱了起来：

“屋瓦的波浪，云彩的波浪……”

可是，小豆豆却不会唱，因为在巴学园，孩子们从来没有学过这首歌。这时候，小豆豆看到一位样子很和气的士兵正端坐在床上，就亲昵地坐到他的床边，一边想“这可怎么办呢”，一边听大家唱歌。

“屋瓦的波浪……”唱完之后，女老师又朗声地说：

“下一首歌，我们来唱《偶人节》。”

除了小豆豆，孩子们都口齿清楚地唱道：

“点上灯吧，小小的花灯……”

小豆豆只能沉默着。

大家唱完之后，士兵们鼓掌表示感谢。女老师微笑了一下，接着说：

---

① 在日本，五月五日是男孩节。这一天，有男孩的人家通常要挂起用布或者纸做的鲤鱼旗，以示庆祝。三月三日是女孩节，也称为偶人节。这一天，有女孩的人家在家里搭设坛架，陈列偶人。

“下面，大家唱一首《马母子》。都打起精神来，好，预备——唱！”

说着，老师开始指挥。

这一首歌，小豆豆仍然不会唱。大家唱完《马母子》之后，小豆豆坐的这张床上的士兵，摸了摸小豆豆的头，说：

“你不会唱歌啊。”

小豆豆觉得非常歉疚。自己明明是来慰问受伤的人的，却一首歌也不会唱！于是，小豆豆从床边站起来，鼓起勇气说：

“那么，我唱一首我会的歌。”

女老师看到出现了和预定的安排不一致的情况，问：“什么？”不过，她看到小豆豆已经深吸了一口气准备唱歌，就默不作声地听了下去。

小豆豆心想，既然自己是作为巴学园的代表来的，那就应当唱巴学园最有名的歌。于是，她深吸了一口气，大声唱道：

“好——好——嚼——啊，把吃的东西……”

周围的孩子们笑了起来，有的孩子还问旁边的人：

“这是什么歌？这是什么歌？”

女老师不知道该怎样指挥，手停在了半空中。小豆豆觉得很不好意思，但还是努力地唱下去：

“嚼啊，嚼啊，嚼啊，嚼啊，把吃的东西……”

唱完之后，小豆豆鞠了一个躬。当她抬起头来的时候，小豆豆看到那位士兵的眼睛里溢出了泪水。小豆豆非常吃惊，

不知道自己做了什么不好的事情。那位看起来比爸爸还要大几岁的士兵，摸着小豆豆的头，说：

“谢谢，谢谢。”

士兵抚摸着小豆豆的头，眼中的泪水却止不住地流下来。这时候，女老师为了调节气氛，用明快的声音说：

“好啦，下面送上我们的礼物——朗读作文！”

孩子们开始一个接一个地朗读自己的作文。小豆豆看看那位士兵，他的眼睛和鼻子还红红的，却笑了起来。小豆豆也笑了，心想：“太好了，他笑了！”

士兵为什么流泪呢？只有那位士兵自己才知道。也许，他也有一个和小豆豆一样的孩子，留在家乡；也许，看到小豆豆拼命地努力唱歌，觉得天真无邪，非常可爱；也许，根据他在战场上的体验（马上就要没东西可吃了，孩子们却还在唱着“好好嚼啊”），觉得孩子们非常可怜……而且，也许这位军人已经预见到了，等待孩子们的，将会是多么可怕的命运。

正在朗读着作文的孩子们并不知道，在他们浑然不觉之中，太平洋战争早已爆发了。

# 健康树皮

小豆豆把挂在脖子上的月票，给自由之丘车站检票口熟悉的大叔看了看，就走出了车站。

今天，车站门口发生了一件很有趣的事。

一个年轻的大哥哥在那儿铺了一张席子，自己盘腿坐在席子上，面前高高地堆着好多树皮似的东西，好像一座小山。旁边围着五六个看热闹的人，正在看他在做什么。小豆豆也凑上前去，因为她听到大哥哥在说：

“快来看啊！快来看啊！”

大哥哥看到小豆豆站住了，开始说道：

“对人来说，健康最重要了。每天早晨起来，检查一下自己是健康呢，还是得了病，就是这些树皮的作用。每天早晨咬一咬树皮，如果觉得苦，就说明你生了病，如果不苦，就说明你很健康。只要两毛钱，就能知道有没有生病。哎，这

位大叔，咬一咬试试怎么样？”

一位瘦瘦的男人，看着送到眼前的树皮，很紧张地用门牙咬了一下。然后，他微微侧了一下头，说：

“稍微……有点苦……好像有点。”

大哥哥听了这句话，跳了起来，叫道：

“大叔，您生病了。可要多保重啊。但还不怎么严重，因为只是‘好像有点苦’。哎，这位太太，您也试一试？”

挎着篮子的阿姨“咯吱”一声，使劲咬了一大口，然后，高兴地说：

“啊，一点儿也不苦。”

“太好了，太太，您很健康。”

于是，大哥哥更加大声地叫道：

“只用两毛钱！两毛钱！每天早晨试一试，就知道自己是不是生病了。真便宜啊！”

小豆豆看着那灰色的树皮，自己也很想咬一咬试试，可是却没有勇气对大哥哥说“我也要试试……”于是，她问大哥哥：

“我放学的时候，你还会在这里吗？”

“噢，在啊。”

大哥哥瞥了一眼小学生模样的小豆豆，回答道。于是小豆豆飞快地跑了起来，双肩书包“啪哒啪哒”响着。因为上学已经有点儿晚了，而且还得做一件事。那就是，到了教室之后，小豆豆问大家：

“谁能借给我两毛钱？”

可是，谁也没有两毛钱。在当时，只用一毛钱就能买一大盒牛奶糖，所以两毛钱尽管算不上是多大的数目，但孩子们身上却没带那么多。

这时，美代说：

“要不要我问问爸爸，或者妈妈？”

美代是校长先生的女儿，这种时候就显出她的方便之处了。美代的家和学校的礼堂紧挨着，所以，美代的妈妈也总是在学校里。

午休的时候，美代跑来告诉小豆豆：

“爸爸说，可以借钱给你，不过要问问是做什么用的。”

小豆豆来到校长室。校长先生看到小豆豆，摘下眼镜，说：

“听说你需要两毛钱，是做什么用呢？”

小豆豆连忙说：

“要买树皮，咬一咬就知道是生病了呢，还是健康的。”

“哪里有卖的呢？”

校长先生很感兴趣地问。

“车站前面。”

小豆豆又急急地说。

“是吗？好啊，既然你想要。也给老师咬一咬啊。”

校长先生说着，从上衣的口袋里掏出钱包，把两毛钱放在小豆豆的手心里。

“哇！谢谢您。我向妈妈要了钱，就还给您。如果我要买书的话，妈妈总是什么都不问就给我买了。可是买别的东西的时候，要问一问才给我买。不过健康树皮是大家都需要的，妈妈一定会给我买的！”

放学后，小豆豆手心里握着两毛钱，急急忙忙地向车站跑去。那个大哥哥还用同样的调子在叫卖着，小豆豆伸出手，大哥哥看到她手心里的两毛钱，高兴地笑了，说：

“真是一个好孩子。爸爸妈妈都会高兴的。”

“洛基也会高兴的！”

小豆豆说。

“什么？洛基？”

大哥哥一边挑选树皮给小豆豆，一边问道。

“是我家的狗，是牧羊犬呢。”

大哥哥停住手，稍微想了一下，说：

“狗的话，也是可以的吧？如果觉得苦，狗也会显出讨厌的样子，那就是生病了……”

大哥哥选了一块三厘米宽、十五厘米长的树皮，拿在手里，说：

“这块怎么样？早晨咬一咬，如果觉得苦，就是生病了。如果什么味道也没有，就很健康。”

大哥哥把树皮用报纸包好，递给小豆豆。小豆豆小心地握着树皮，回到了家里。

回来以后，小豆豆自己先咬了咬树皮，树皮在嘴里“咯吱咯吱”地响着，却一点儿也没有苦味。

“哇！我很健康！”

妈妈笑着说：

“是啊，小豆豆很健康。怎么啦？”

小豆豆告诉妈妈是怎么回事。妈妈也学着小豆豆的样子，咬了一下树皮，然后说：

“不觉得苦。”

“啊，妈妈也很健康。”

接着，小豆豆找到洛基，将树皮举到它的嘴边。洛基先闻了闻树皮的味儿，然后舔了舔。小豆豆说：

“咬一咬啊，咬了以后，就知道有没有生病了。”

可是，洛基并不想咬树皮，而是开始用后腿挠耳朵。小豆豆把树皮凑到洛基的嘴巴上，说：

“哎，咬一咬吧。如果生了病，可不得了。”

洛基好像无可奈何，只得轻轻地咬了一下树皮的边儿。然后，它又闻了闻树皮的味道，并没有显出讨厌的样子，接着打了一个大大的哈欠。

“哇！洛基也很健康。”

第二天早晨，妈妈给了小豆豆两毛钱，小豆豆到了学校之后，首先跑到校长室，拿出树皮给校长先生看。

校长先生一时间愣住了，好像很奇怪“这是什么东西”。接着，看到小豆豆小心地张开手，递过来一直握着的两毛钱，先生想起来了：

“咬一咬？如果觉得苦，就是生病了。”

校长先生咬了咬树皮，然后把树皮翻来覆去仔细地看。

“苦吗？”

小豆豆担心地望着先生，问道。

"不苦，什么味儿也没有。"

于是，先生把树皮还给小豆豆，说：

"老师也很健康。谢谢你。"

"哇！老师也很健康。太好了！"

那一天，小豆豆让全校所有的人都沿着树皮的边儿咬了一口，谁也没有觉得苦，大家都很健康。巴学园所有的人，都是健康的。小豆豆开心极了。

大家都跑到校长先生那里，七嘴八舌地告诉校长先生，自己很健康。每当有孩子跑过来报告，校长先生都说：

"是吗？那太好了。"

其实，在群马县的大自然中长大的校长先生，从小就在一条能够望到榛名山的河边生活着，他一定知道究竟是怎么回事：

"实际上，任何人咬这块树皮，都绝对不会觉得苦。"

但是，知道大家都非常"健康"的时候，小豆豆是那么高兴。校长先生看到小豆豆开心的样子，也觉得非常愉快。如果有个人说"很苦"，小豆豆会是多么担心啊。能够教育出心地这样善良的孩子，校长先生感到非常欣慰。

有一次，小豆豆在学校附近看到一条野狗，她想把树皮塞到野狗的嘴里，结果差一点儿被狗咬伤。但小豆豆不肯放弃，叫道：

"尝一尝，就知道有没有生病了。只咬一下，好吗？如果知道你也是健康的，那多好啊！"

终于，小豆豆成功了，这只陌生的狗也咬了咬树皮，小

豆豆围着狗蹦来蹦去，高兴地嚷着：

“太好了！你也很健康！”

野狗低下头，好像很惶恐的样子，接着就跑开了，一会儿就不见了。

正如校长先生所料的那样，那个卖树皮的大哥哥，再也没有在自由之丘出现过。

但是，每天早晨，小豆豆在上学之前，总要郑重地从抽屉里取出那块树皮，树皮像是被海狸大嚼过一样，已经破破烂烂。但小豆豆还要咬一咬，然后高兴地说：

“我很健康！”

幸运的是，小豆豆确实很健康。

## 说英语的孩子

今天，巴学园来了一位新同学。这位同学比巴学园的任何一个小学生都要高大得多。小豆豆觉得，说他是小学生，倒不如说他更像“中学生大哥哥”。新同学穿的衣服也和大家不一样，很像个成年人。

早晨，校长先生在校园里向大家介绍这位新同学：

“这是宫崎君，他是在美国出生，在美国长大的，所以日语不怎么好。他觉得到巴学园来，比去别的学校更容易交到朋友，也能安心地学习。今天宫崎君来到这里，以后大家就在一起了。嗯，做几年级的学生好呢？和阿隆他们一起，就做五年级学生吧！”

擅长绘画的五年级学生阿隆，像平常一样，用大哥哥似的口吻说：

“好的。”

校长先生微微笑一笑，说：

“虽然宫崎君的日语不太好，但是英语特别棒。可以请他教你们英语。不过，宫崎君还不适应日本的生活，你们要多帮助他。可以请宫崎君说说美国的事，很有意思的。好啦，就这样吧。”

宫崎君给比自己小好多的同班同学鞠了一个躬，不仅对阿隆他们，而且对别的孩子也鞠了躬，还招了招手。

午休的时候，宫崎君向校长先生家走去，大家跟在他身后。当宫崎君准备进房间的时候，穿着鞋就要踩到榻榻米上。孩子们大吃一惊，吵吵嚷嚷地告诉他“要脱鞋”。宫崎君好像也吃了一惊，赶紧脱下鞋，说：

“对不起。”

大家七嘴八舌地说：

“到榻榻米上的时候，一定要脱鞋。但在电车教室和图书室，不脱鞋也可以。”

“到九品佛的庙里去的时候，在院子里可以不脱鞋，但如果要进庙的正殿，就要脱鞋了。”

这一下大家都明白了，即便同是日本人，如果一直在外国生活，就会变得很不一样，真是很有趣。

第二天，宫崎君来学校的时候，带来一大本英语的绘本。午休的时候，大家里三层外三层地围住了宫崎君，一起看那本绘本。看到那本绘本，所有的孩子都大吃一惊！原因有好几个，第一个原因是，大家从来没有见过这么漂亮的绘本！孩子们通常看的绘本，一般着色都是大红色、绿色或者明黄色，总之都极为鲜艳。而这本绘本上，却有像肌肤那样娇嫩的淡粉红色、浅浅的蓝色、白色、灰色等淡雅的颜色，看上去让人心旷神怡。这样漂亮的色彩，在蜡笔中是找不到的。二十四色的蜡笔中自然没有，就是只有阿隆拥有的四十八色的蜡笔中，也找不出绘本上这么多的漂亮颜色。孩子们真是佩服极了。第二个原因是，彩图真的画得好看极了！书的一开头画了一个垫着尿布的婴儿，一只狗叼住尿布往外拉。令人佩服的是，那个婴儿简直不像是画上去的，他粉红色的小屁股露在外面，看上去是那么柔软，像是一个活生生的婴儿躺在那里。第三个原因是，孩子们都还是第一次见到这么大、这么厚，而且用这么光滑、这么高级的纸做的绘本。小豆豆当然也和平时一样，不会落在别人的后面，她离绘本最近，大饱了眼福，而且还亲昵地靠在宫崎君的身边。

宫崎君用英语给大家念绘本上的话，声音流畅悦耳，大家都陶醉在美妙的英语声中。然后，宫崎君开始艰难地说起日语来。

无论从哪方面来说，宫崎君都为巴学园带来了与众不同的东西。

"'婴儿'是'baby'。"

大家学着宫崎君，大声地念起来：

"'婴儿'是'baby'！"

宫崎君接着又说：

"'美梨的'，是'beautiful'。"

"'美丽的'，是'beautiful'。"

大家跟着一念，宫崎君立刻知道自己的日语说得不好，马上改正过来：

“对不起，不是‘美梨的’，是‘美丽的’。”

就这样，巴学园的孩子们和宫崎君很快亲近了起来。宫崎君每天都要带来各种书，在午休的时候，念给大家听。

所以，宫崎君像是教孩子们英语的家庭教师。而同时，宫崎君自己的日语也是日新月异，飞快地进步着。另外，他也不会再犯一些好玩的错误——比如说坐到客厅的壁龛里什么的了。

小豆豆他们也知道了好多关于美国的事情。

在巴学园，现在，日本和美国变得亲近起来。

但是，在巴学园之外，美国却是日本的敌国，英语是敌国的语言。所以，所有的学校都取消了英语课。

“美国人是鬼！”

政府这样宣布。而这个时候，巴学园的孩子们却在齐声地念着：

“‘美丽的’，是‘beautiful’！”

拂过巴学园上空的风温暖而和煦，而在巴学园中成长的孩子们也美好而纯洁。

# 演出会

“演戏啦！演戏啦！开演出会啦！”

巴学园一直有个习惯，就是吃午饭的时候，每天都有一个孩子当众讲故事，这个活动一直继续着。虽然讲故事这样的活动是有的，但演戏却是破天荒头一回！而且演出是在很小的讲坛上举行。小讲坛原本是用来放钢琴的，每当学习韵律操的时候，校长先生就会弹钢琴伴奏。想一想在那么小的台子上演戏，真是出乎意料。而且，还没有一个孩子看过戏剧，小豆豆也只看过芭蕾舞《天鹅湖》，其他的就不知道了。不过，大家还是按年级讨论了自己班要演出哪个剧目。

小豆豆他们班决定演的戏可能在课本上有吧，反正，虽然它和巴学园一贯的风格不太一致，大家还是决定演这出戏。这出戏由丸山老师担任导演，戏的名字叫《化缘簿》。辩庆由长得很高、体型很壮的税所爱子扮演；富樫由声音洪亮，一

看就觉得很严肃的天寺君来扮演；义经则经过大家的商量，由小豆豆扮演。剩下的孩子们，就扮演在山中修行的僧人。

在开始排练前，大家先得记住剧中的台词。不过，小豆豆和扮演修行僧的同学没有台词，真是很幸运。因为，在整个剧中，僧人们只要默不作声地站在那里就行了。而辩庆为了让义经能够平安地通过由富樫把守着的“安宅关”，要殴打主人义经，并且说“这只不过是一个在山里修行的和尚罢了”。扮演义经的小豆豆，只需要蹲在那里就行了。但是扮演辩庆的税所同学，却要和富樫说好多话，必须记住大段的台词。而且，辩庆还要取出一个卷轴，明明上面什么也没有写，但当富樫说“念一念吧”的时候，辩庆就要当场一边拼命思索，一边念出自己刚想出的文章：

“最初，为营建东大寺……”

由此，感动了敌人富樫。因为剧中有这么难的一段，所以税所同学每天都在背诵着：

“最初……”

扮演富樫的天寺君，为了驳倒辩庆，也必须记住好多台词。因而天寺君也在拼命地背台词，累得气喘吁吁。

终于开始排练了。富樫和辩庆面对面站着，辩庆的身后是僧人们。小豆豆站在僧人们排头的位置上。但是，小豆豆并不知道这个故事，当辩庆把演义经的小豆豆掀倒在地上，用棒子打的时候，小豆豆猛地反击起来，对着税所同学的腿又踢又抓。税所同学哭了起来，扮演僧人的同学们却哈哈大笑。

实际上，故事说的是，无论辩庆怎么殴打义经，义经都毫无反抗，最后，富樫体味到了辩庆心中的痛苦，很受感动，终于放他们通过了这个“安宅关”。如果义经反抗，这出戏就演不下去了。丸山老师又向小豆豆解释了一遍剧中的故事，但小豆豆却坚持：

“如果税所同学打我，我也要打她！”

这样，剧就没法排练了。

一连好几次，每当演到那个地方，小豆豆都蹲在那里反抗着。终于，丸山老师说：

“对不起，就让阿泰来演义经吧。”

小豆豆如释重负，觉得很高兴。因为，要是只有自己一个人被掀翻在地挨打，那可真是很讨厌。丸山老师说：

“和阿泰交换一下，小豆豆扮演僧人吧。”

于是，小豆豆站到了僧人们的最后。大家都认为“这下可以顺利排练了”，但大家高兴得太早了。因为，僧人们手里都要拿着一根长长的手杖，这是为了翻山越岭能够轻松一点儿，小豆豆分到手杖之后，就出麻烦了。她觉得只是呆呆地站在那里，未免没有意思，就用手杖捅一捅旁边僧人的脚，再挠一挠更前面一个僧人的胳肢窝，然后，又学着指挥家的样子，挥动着长手杖，这不光对周围的同学来说很危险，更严重的是，富樫和辩庆的剧被搅得一塌糊涂。

终于，小豆豆扮演僧人的角色也被取消了。

扮演义经的阿泰，紧紧咬着牙关，任凭辩庆踢来打去的样子，让人觉得“真是好可怜”。取消了小豆豆的角色之后，排练顺利地进行了下去。

小豆豆成了孤零零的一个人，她走到校园里，赤着脚跳起了“小豆豆式”的芭蕾舞。随心所欲地跳舞，心情真是愉快。小豆豆一会儿扮成天鹅，一会儿扮成风，一会儿又扮成奇怪的人，一会儿又装作是树木，在空荡荡的校园里，一个人跳了很久很久。

但小豆豆心里还是有点儿遗憾：

“还是想扮演义经啊！”

不过，如果小豆豆真的再去扮演义经，她肯定还会对税所同学又抓又打。

就这样，巴学园历史上唯一的一次演出会，小豆豆终于没能参加，真是很遗憾。

# 粉 笔

巴学园的小学生，从来不会在别人家的围墙上或者大路上乱写乱画。因为，他们在学校里，已经尽情地涂写过了。

事情是这样的：上音乐课的时候，孩子们集中到礼堂里，校长先生发给每人一根白粉笔。大家就在礼堂的地板上各据一方，有的趴着，有的半蹲着，有的则端端正正地坐着，总之，大家可以自由地采取各种姿势，拿着白粉笔准备好。当大家都准备好了的时候，校长先生就弹起钢琴，于是，孩子们合着老师琴声的节奏，在礼堂的地板上画出音符。用粉笔在光滑的茶色地板上涂画，感觉真是好极了。宽敞的礼堂里，只有小豆豆他们十个人左右，分散在各个地方，所以无论把音符画得多大，也不必担心碰到别人。说是画音符，其实并不需要画出五线谱来，只要能够表示出节奏来就可以了。而且，音符的叫法是校长先生和大家一起决定的，很有巴学园

的风格，比如说：

𝅘𝅥𝅮.𝅘𝅥𝅯 是“跳跃”（因为这个节拍最适合蹦蹦跳跳）；

♪ 是“旗子”（因为看起来像是一面旗子）；

♫ 是旗子“呼啦呼啦”；

𝅘𝅥𝅯 是“两面旗子”；

♩ 是“黑”；

𝅗𝅥 是“白”；

𝅗𝅥. 是“白加黑点”（或者是“白点”）；

𝅝 是“圆圈”（即全音符）。

就这样，大家对音符亲近起来，而且觉得很有趣。上音乐课的时候，对大家来说简直是享受的时间。

用粉笔在地板上涂涂画画，是校长先生想出来的。如果画在纸上，就不可能画下这么大的音符；而画在黑板上的话，又没有那么多的黑板给孩子们用。所以把礼堂的地板当成一个大大的黑板，用粉笔在上面涂画。这样做有很多优点——能够“自由地运动身体”，“无论节奏有多么快，都可以尽情地快速涂画”，而且“画得再大也没有关系”。最重要的是，孩子们可以轻松自在地欣赏音乐的旋律。如果时间还有多余，孩子们可以捎带着画上飞机啦，娃娃啦什么的。有时候，孩子们还会故意把画一直画到别人的“地盘”上，大家都做这个“接头”游戏的时候，整个礼堂就变成了一大幅画。

上音乐课的时候，校长先生弹奏一会儿钢琴，就会从台子上走下来，看一看每个孩子的作品，并且评论一番：

“很好。”

或者是：

“这里不是旗子‘呼啦呼啦’，应当是‘跳跃’。”

等大家都修改好了，先生会把刚才的那支曲子再弹一遍，大家一边听，一边对照正确的节奏，就明白了应该是怎么样的。到了上音乐课的时间，校长先生无论多么忙，也不会让别的老师代课，而孩子们也觉得，如果不是小林先生给自己上这堂课，就没那么有趣了。

不过，在地板上画了音符之后，再要把它们清除掉可就不容易了。先要用黑板擦把粉笔印儿擦掉，然后，大家齐心协力，用拖把或者抹布把地板擦干净。把整个礼堂的地板全部弄干净，可真是一个浩大的工程。

因为这个缘故，巴学园的孩子们都知道了“如果乱涂乱写，或者写一些恶作剧的东西，要把它们收拾干净，非常不容易”。所以，除了礼堂的地板，孩子们不在任何地方乱写乱画。最重要的原因是，像这样的音乐课每星期有两次，大家尽情地涂啊画啊，已经足够地享受到了涂画的乐趣。

巴学园的小学生们都非常明白下面的问题，像“拿着粉笔是什么感觉”，“怎样拿粉笔，怎样移动，才能写得漂亮”，或者“有什么办法能不弄断粉笔”等等。也就是说，巴学园的每个孩子，都称得上是“粉笔专家”了。

# 泰明死了

春假结束后，大家又回到学校。第一天早晨，孩子们集中在校园里的时候，小林先生站在大家面前，像平时那样，先生的两只手放在上衣口袋里，但他一直默默地站着，一动不动。过了一会儿，先生把手从口袋里拿出来，看着孩子们，他好像哭过一样。终于，先生缓缓地开口说：

“泰明……死了。今天，我们都要去参加他的葬礼。泰明是大家的好朋友。真可惜啊，老师们也都难过极了……”

说到这里，小林先生的眼圈通红，泪水落了下来。

学生们都惊呆了，谁也不说一句话，大家的心里，浮现出泰明的音容笑貌和有关泰明的种种回忆。巴学园被一种悲哀的寂静笼罩着，巴学园的空气中第一次充满了悲伤。

小豆豆心想：

“怎么会这么突然地就死了呢？春假前，泰明还借给我一本《汤姆叔叔的小屋》，问我‘要不要看看’，这本书，我还没有看完啊！”

小豆豆的脑海里，涌起了关于泰明的影像：春假前，大家分手的时候，泰明把书递给自己，他那弯曲的手指；第一次遇到泰明的时候，小豆豆问“为什么你要那样走路呢”，泰明沉静地回答“我得过小儿麻痹症”时，他那温和平静的声音和微笑着的脸庞；那年夏天，两个人进行大冒险——秘密爬树的时候，年龄和身体都比小豆豆大的泰明，却完全信赖小豆豆，把一切都托付给她。那时候感受到的泰明身体的重量，现在想起来，是那么令人留恋。而正是泰明告诉小豆豆，“美国有一种叫作电视机的东西”……

小豆豆非常喜欢泰明，休息的时候，吃午饭的时候，放学后往车站走的时候，总是和泰明在一起。和泰明在一起的一切一切，都那么让人怀念。可是，小豆豆知道，泰明再也不会到学校来了，因为泰明死了。死就是这样的。那么可爱的小鸡，死了以后，无论怎么呼唤，怎么抚摸，它们都再也不会动了。

泰明的葬礼，在泰明家所在的田园调布的一个教堂中举行，教堂就在泰明家正对着的一个网球场的附近。孩子们默默地排成一队，从自由之丘出发，向教堂走去。平时走路总要东张西望的小豆豆，这次只是静静地低着头。现在，小豆豆的心情和刚刚听到校长先生宣布噩耗时已经有所不同了。刚才觉得是“不敢相信”，回想着和泰明在一起的往事，而现在，小豆豆心里却只有一个念头，那就是“真想再看看活着

的泰明，哪怕只见一面也好，真想再和他说几句话”。

教堂里满眼都是白色的百合花。泰明漂亮的姐姐，泰明的妈妈，还有其他亲人穿着黑色的衣服，站在教堂的入口外面。泰明的亲人们看到小豆豆他们，哭得更加伤心了，每个人都紧紧地握着白手帕。小豆豆生平第一次看到葬礼的场面，原来葬礼是这么悲伤。没有一个人说话，风琴静静地奏着赞美诗。阳光照进教堂，教堂中非常明亮，但没有一丝一毫快乐的气氛。一位臂上缠着黑纱的男子给巴学园的每个孩子都发了一朵小白花。他告诉孩子们，要拿着白花，排成一列走进教堂，把花轻轻地放进泰明安睡的棺材里。

泰明睡在棺材里，被花朵围绕着，闭着眼睛。但泰明虽然死去了，却像平时一样，看上去那么温和，那么聪明。小豆豆跪下来，把白花放在泰明的手边，然后，轻轻地抚摸了一下泰明的手，这是小豆豆曾经拉过多少次的手，是令小豆豆留恋不已的手。和小豆豆又脏又小的手相比，泰明的手非常白皙，手指修长，像是大人的手。

“再见了。”

小豆豆悄悄地和泰明道别：

“也许，等我们长大以后，有一天会在什么地方碰到。那时候，要是你的小儿麻痹症治好了，该有多好啊！”

说完，小豆豆站起来，又看了看泰明。对了，忘了一件要紧的事！

“《汤姆叔叔的小屋》，已经不能还给你了。就让我替你保存着吧，一直到再见到你的那一天。”

然后，小豆豆转身往外走去。身后仿佛传来泰明的声音：

“小豆豆，和你在一起，度过了很多快乐的日子！我不会忘记你的。”

“是啊。”

小豆豆走到教堂的出口处，又回过头来，说道：

“我也不会忘记泰明的！”

外面仍然春光明媚，正像第一天在电车教室里遇到泰明时一样，阳光是那么灿烂，洒落在小豆豆的周围。但是，此时的小豆豆脸颊上却沾满了泪水，这和两个人第一次相遇的时候，是那么的不一样。

## 间谍

泰明的死，使巴学园的孩子们一直沉浸在悲伤之中。特别是小豆豆这个班，孩子们花了很长时间才适应了一个事实：早晨上课以后，不管过多么久，也不见泰明进来，这不是他迟到了，而是永远不会来了。一个班只有十个同学，在平时并不觉得怎样，但遇到这种情况，就会觉出人数实在是太少了。无论怎么样，孩子们都会清楚地意识到“泰明不在了”。唯一幸运的是，大家的座位不是固定的，如果泰明的座位是固定的，总是空在那里，对孩子们的刺激一定会更大。而巴学园的习惯是，孩子们每天都可以坐在自己喜欢的位子上，这一点真是值得庆幸。

这一阵子，小豆豆思考的问题是，自己长大以后，要“做什么呢”。在小豆豆更小的时候，曾经想过要做宣传艺人，要做芭蕾舞演员，她第一天到巴学园的时候，还想过做一个在车站卖票的人也不错。但是，现在小豆豆的想法有了些变化，她想做一种比较有女孩味儿的，而且有些特别的工作。

“做护士好像挺不错……”

小豆豆又想出一个好工作。

“不过……”

小豆豆立刻想起来：

“前一阵到医院去慰问过伤员，看到了护士给人打针。打针？好像很难……”

“那么，做什么好呢？”

一边自言自语着，突然，小豆豆想起来一个好主意，不禁喜上眉梢：

“对啦！我怎么给忘了？以前我不是决定了吗？这可是个好主意！”

于是，小豆豆走到阿泰身边。阿泰正好在教室里，刚点燃酒精灯。小豆豆得意扬扬地说：

“我想长大以后做一个间谍！”

阿泰的视线从酒精灯的火焰上转向了小豆豆，他定定地看着小豆豆的脸。然后，他向窗外望去，好像正在思考着，接着又转回来看着小豆豆，清晰地说：

“要想成为间谍，必须非常聪明。而且，要会好多国家的语言……”

阿泰的声音沉稳有力，而且，可能是为了让小豆豆容易听明白，阿泰说得很慢。说了这句话之后，阿泰吁了一口气，眼睛仍然看着小豆豆，接着说：

“更重要的是，女间谍必须非常漂亮，长得不漂亮，是做不了的。”

小豆豆的眼神慢慢地从阿泰身上落到了地板上，头也渐渐低了下去。阿泰停了一会儿，把视线从小豆豆身上移开，一边思考，一边小声说道：

“还有，太爱说话的人，是不适合做间谍的吧？”

小豆豆非常吃惊。这并不是因为阿泰反对自己当间谍，而是因为阿泰所说的每一句话，都正中要害，每一句话，小豆豆都觉得有道理。

其实，小豆豆在任何一个方面，都不具备成为间谍的才能。这一点，她自己也很清楚。阿泰说这番话，当然不是出于恶意。看来除了放弃做间谍的梦想，实在没有别的办法了。还是和阿泰商量一下好啊。

“可是……”小豆豆心想，“真了不起！阿泰和我一样大，可他知道的却这么多！”

如果阿泰对小豆豆说：

“我想成为一个物理学家。”

那自己该对阿泰提出什么样的建议呢？

“我觉得你会的，因为你只用火柴就能够灵巧地点燃酒精灯。”

可是，这样回答的话，未免太孩子气了。

“你知道狐狸的英语是‘fox’，鞋的英语是‘shoes’，当然能成为物理学家啦！”

但是，这个理由好像不是那么充分。小豆豆想：

“不过，无论如何，阿泰是很适合做那种只有聪明人才能做的工作。”

于是，小豆豆望着默默看着烧瓶里水泡的阿泰，温和地说：

“谢谢你，我不做间谍了。但是，阿泰，你一定会成为了不起的人。”

阿泰嘴里嘟嘟囔囔地说了句什么，挠了挠头，对着翻开了的书本，埋下头去。

“间谍也不行，那么做什么好呢？”

小豆豆挨在阿泰的身旁，注视着酒精灯的火焰，思索着。

## 小提琴

不知从什么时候起，在小豆豆他们的生活中，战争逐渐显露出狰狞的面孔。

每一天都有邻居家的叔叔、哥哥们，在太阳旗和“万岁！万岁”的呼喊声中被送走，从此就消失了。吃的东西也渐渐地从商店里消失了。巴学园的孩子们盒饭中的“海的味道”和“山的味道”，也越来越难以实现。妈妈们想方设法，用“紫菜和梅子干”来代表海味和山味，但是，渐渐地连这些也买不到了。什么东西都靠配给，找遍了所有的商店，也买不到一块点心之类的东西。

小豆豆坐电车回家的时候，快到家的前一站叫“大冈山”，下了车站的台阶，有一个售货机，只要放进钱去，就会有奶糖掉出来。机器上画着奶糖的图案，看起来好吃极了，让人垂涎欲滴。小盒的奶糖五分钱，大盒的一毛钱。可是，从

很久以前，这台机器里就不曾放进过奶糖了。所以无论多少次放进钱去，无论怎么拍打机器，再也没有任何东西掉出来。但小豆豆比别人更加固执。

“也许里面还有一盒剩下了呢！”

“也许奶糖卡在哪里了呢！”

怀着这个想法，小豆豆每天特意中途下车，把五分钱或者一毛钱塞到机器里，一遍一遍地试着。但每次都是“当啷”一声，只有硬币掉了出来。

这时候，爸爸听到有人说，如果到军需工厂，也就是制造武器或者其他军用物资的地方，到那里用小提琴演奏军歌的话，回去的时候，人家就会赠送一些砂糖、大米、羊羹等食物。这真是个让人高兴的好消息。那个人还说，特别是像小豆豆的爸爸这样曾经得到“优秀音乐家”表彰的人，这样有名的小提琴家，去演奏军歌的话，一定会得到更多的礼物。

妈妈问爸爸：

“怎么办呢？要不，去看看？”

的确，音乐会的次数越来越少，更重要的是，入伍的人不断增加，交响乐团的成员也有好多被征兵，乐团不再是完整的了。NHK的广播节目，几乎都和战争有关，爸爸他们音乐方面的工作机会非常少。所以，像这样的工作，现在也是非常难得的了。

爸爸沉默了一会儿，才回答妈妈的问题：

“……我的小提琴，不想用来演奏军歌。”

妈妈说：

"是啊。那就算了吧！吃的东西，总会有办法的。"

爸爸知道，小豆豆没有什么好东西吃，每天往卖奶糖的机器里放钱，但每次都是失望而归。如果自己去一趟军需工厂，演奏几首军歌，能够拿回一些礼物来，家里人会多么高兴啊！而且，小豆豆也能够放开肚皮，吃上一顿好饭。

但是，比起这些来，爸爸更看重的是自己的音乐。妈妈也深深地理解爸爸，所以，妈妈从来没有抱怨"如果能去一趟就好了，可你却……"之类的话。

爸爸痛苦地对小豆豆说：

"对不起啊，豆豆助。"

小豆豆虽然还不懂艺术啊，思想啊，以及工作的事，但是，她知道，爸爸是真正地热爱小提琴，因为这个，他甚至被逐出家门，成为被家族和亲戚们所弃的不肖之子，而且，后来又经历了很多艰难坎坷。但即便如此，爸爸也始终没有放弃对小提琴的热爱。所以，小豆豆觉得，既然爸爸不愿意，那就不去演奏好了。听了爸爸的话，小豆豆在爸爸身边蹦蹦跳跳，高高兴兴地说：

"没关系！我也喜欢爸爸的小提琴！"

但是，第二天，小豆豆又在"大冈山"站下了电车，趴在奶糖机器的出口那里，向里面张望着。

什么也不会掉出来的，这是肯定的。

# 一言为定！

吃过午饭后，大家把围成圆圈的桌子和椅子收拾好，礼堂显得宽敞多了。小豆豆心想：

“今天，我可要第一个爬到校长先生身上。”

她每次都这么想，但是一不留神，就有人坐到了盘腿坐在礼堂正中央的校长先生的两腿之间，又有两个爬到先生的背上，吵吵嚷嚷的。校长先生的脸红彤彤的，边笑边说：

“噢，好了！快停下！”

可是孩子们一旦占据了校长先生身上的地盘，就拼命地黏在上面，怎么也弄不下来。所以，如果有的孩子稍微迟了一步，小个子的校长先生身边就已经乱成一团了。不过，小豆豆今天既然已经这么决定了，就在校长先生来之前，先早早地等在了那里（就是礼堂的正中央），当校长先生一走过来，小豆豆就叫了起来：

“哎，老师，我有话说！有话说！”

先生坐下来，一边盘起腿，一边高兴地问：

“有什么事啊，要跟老师说？”

这时，小豆豆想把自己几天前思考过的一件事，清楚地告诉校长先生。等先生盘腿坐好后，小豆豆突然想“今天就不要往先生身上爬了吧”，因为，现在要说的这件事，还是和先生面对面地说比较合适。于是，小豆豆在校长先生对面端端正正地坐下，膝盖紧挨着先生的膝盖，脸微微地侧了一点。脸上的表情则是从小妈妈她们夸的“可爱的样子”，就是微笑着，稍微露出一点牙齿，看上去又乖巧又端庄。做出这副表情的时候，小豆豆不知不觉就有了自信，自己也觉得是一副好孩子的模样。

先生把膝盖向前探了一下，问：

“是什么事呀？”

小豆豆仿佛是先生的姐姐，或是先生的妈妈那样，缓缓地、亲切地说：

“我长大以后，要做这个学校的老师，一定做。”

小豆豆以为先生会笑起来，但先生却没有笑，而是非常认真地问：

“我们能一言为定吗？”

先生的脸上，真的显露出希望小豆豆成为巴学园老师的神情。小豆豆重重地点了一下头，说：

“那就一言为定！”

说着，小豆豆心里也对自己说“这是真的！一定要

做到！”

一瞬间，小豆豆想起第一次来到巴学园的那天早晨——那仿佛已经是很久以前的事了。那是一年级的时候，在校长室，第一次见到校长先生，先生耐心地听自己说了四个小时的话！在这以后，或者这之前，从来没有第二个大人听过小豆豆说四个小时的话。而且，小豆豆说完之后，先生说：

“从今天起，你是这个学校的学生了。”

说这句话的时候，先生温暖的声音，回想起来仍然是那么亲切。现在的小豆豆，却比那时更加深切地感觉到：

“我真喜欢小林先生！”

所以，如果是为了小林先生而工作，能够对小林先生有所帮助，无论是什么事，自己都是愿意去做的。

先生听了小豆豆的决定，像平时一样，一点儿也不在乎自己掉了牙齿，高兴地张开漏风的嘴巴笑了。

小豆豆把小指伸到先生面前，说：

“一言为定！”

先生也伸出了小指。他的小指很短，但是很有力量，让小豆豆的信赖感油然而生。小豆豆和校长先生拉了钩，先生笑了，小豆豆看到先生高兴的样子，也放下心来，高兴地笑了起来。

做巴学园的老师！

多么棒的事啊！

“要是我做了老师……”

小豆豆开始想象做了老师以后种种美妙的事情，先想到的主要有这么一些：

“课嘛，几乎不用怎么上。要开很多运动会，经常去野炊啦，露营啦什么的，还有就是散步。”

小林先生非常欣慰。要想象小豆豆长大以后的样子还非常困难，但小林先生认为她一定能够做巴学园的老师。而且，每个孩子，每个从巴学园毕业的孩子，都不会忘记童年时的心愿，所以，每个孩子都有可能成为巴学园的老师。

日本的天空中，出现装载着炸弹的美国飞机的身影，只是一个时间问题。但就在这个时候，在停放着电车教室的巴学园的校园里，校长先生和小学生已经作出了十多年以后的约定。

## 洛基不见了

成千上万的士兵战死了，食物也越来越少，大家都在恐惧的气氛中生活着，但是，夏天还是照常来到了。无论是在战争中胜利的国家，还是失败的国家，太阳都同样送来它的光芒。

暑假结束了，小豆豆从镰仓的伯父家，又回到了东京自己的家。

在巴学园度过的快乐的露营，去土肥温泉的旅行等暑假活动，都再也不能举行了。和学校的老师同学们一起度过的暑假，都无法再次体验了。而且，小豆豆每年和堂兄弟姐妹们一起生活的镰仓的那个家，也和以往的夏天完全不同了。往常，一个亲戚家的大哥哥总是绘声绘色地给大家讲鬼怪故事，吓得小孩们哭哭啼啼的，但这个大哥哥已经去当兵了。所以，再也没有鬼怪故事了。而且，往常伯父会给孩子们讲自己在美国生活时的故事，也不知道是真的，还是伯父编出来的，总之好玩极了。但是，今年伯父也在战场上，他是一流的摄影记者，名叫“田口修治”。

不过，自从伯父担任《日本新闻》纽约分社的社长，以及《美国地铁新闻》的远东地区代表之后，更多的人只知道他叫“修 · 田口”，这个英式的名字反而比本名更广为人知。伯父是爸爸的亲哥哥，与爸爸年岁相差最小，但由于只有爸爸随了他们母亲一边的姓氏，所以他们的名字不一样，实际上，爸爸也应当是“田口先生”。

伯父拍摄的《腊包尔攻防战》[1]，以及别的新闻片，一部一部地在电影院里上映着。但是，只有拍摄的胶片从战场上送回来，伯父却杳无音信，伯母和堂兄弟姐妹们非常担心。亲戚家的大人们说，因为摄影记者总是要拍摄大家处于危险境地时的照片，他就得比别人更早一步进入危险地区，然后回过身拍摄整个场面。如果摄影记者是跟在别人后面的，那他只能拍到背影了。在没有通路的时候，他必须在最前面，想方设法通过没有路的地段，到前方或者旁边进行拍摄，这就是战地摄影记者的工作。如果等别人开辟好了道路，他才走过去的话，是无法拍摄到战争中的新闻片的。现在，连镰仓的海岸线，也那么令人担忧。

滑稽的是，伯父家最大的男孩，叫阿宁的，比小豆豆小一岁，睡觉前，他喜欢在小豆豆他们睡觉的蚊帐里，一边叫

---

① 腊包尔是巴布亚新几内亚北部的一个港口城市，太平洋战争时期，那里设有日军的海军基地。

着“天皇陛下万岁”，一边“扑通”跌倒，装成战死的样子。阿宁认真地装过好几遍士兵战死的样子，但不知什么缘故，每当他扮演过士兵的晚上，他一定会睡得迷迷糊糊，半夜从廊子上跌下去，把大家都吵醒。

小豆豆的爸爸在东京还有工作，所以妈妈也和爸爸一起，留在东京。

暑假结束了，正好这里有一位亲戚家的大姐姐也要回东京，于是她就把小豆豆带回了家。

小豆豆一回到家，像平常一样，先去找洛基。但是，到处都看不见洛基的身影。房间里没有，院子里也没有，甚至连爸爸培育兰花的温室里都找遍了，仍然不见洛基，小豆豆越来越担心。平时，当小豆豆走到家附近的时候，洛基就会从什么地方跳出来，跑过来迎接她，可是现在……小豆豆走出家门，沿着外面的路一直走着，叫着洛基的名字，但是那熟悉的眼睛、熟悉的耳朵和尾巴，却始终没有出现。小豆豆心想，可能自己出来的这段时间，洛基已经回到家里了，于是又赶紧跑回去看。但洛基没有回家。终于，小豆豆问妈妈：

“洛基呢？”

刚才小豆豆焦急地跑来跑去寻找洛基，这一切妈妈都看在眼里，她沉默了。小豆豆拉住妈妈的裙子，又问：

“哎，洛基呢？”

妈妈难以启齿，但终于艰难地答道：

“它……不见了。”

小豆豆不能相信：洛基不见了！

“什么时候？”

小豆豆望着妈妈的脸，又问。

妈妈不知道如何是好，悲伤地说：

“你去了镰仓之后，没几天就……”

接着，妈妈迅速地补充道：

“到处都找遍了。一直找到很远的地方，也问过很多人。但是，哪儿都没有。妈妈不知道该怎么对你说……对不起……”

这时候，小豆豆明白了。

洛基，一定是死了。

“妈妈是怕我难过，才这么说的，可是，洛基死了。”

小豆豆心里非常清楚。在这以前，无论小豆豆去了多么远的地方，洛基绝对不会离开家出远门。因为，洛基知道，小豆豆一定会回来的。

“洛基不会什么也不对我说，就自己走了。它绝对不会！”

小豆豆确信这一点。

小豆豆没有再对妈妈多问什么，她理解妈妈的心情，她只低下头说了一句：

“会到哪里去了呢？”

说完这句话，小豆豆再也忍不住了，匆匆奔向二楼自己的房间。没有了洛基的家，甚至感觉像别人的家似的。小豆豆来到自己的房间，拼命忍住哭泣，又想了一遍，那就是“有没有对洛基做过坏事，有没有什么事情使得洛基要离家出走

呢？有吗？”

小林先生总是对巴学园的孩子们说：

“不能欺骗动物。动物很信任你们，如果你们欺骗它们，那它们就太可怜了。如果你对狗说‘握一握手，就给你点心吃’，那么握手之后，绝对不能什么也不给它。如果那样，狗就不再信任你，它的性格也会变坏。”

小豆豆一直恪守着这一条，她从来没有欺骗过洛基，实在想不出有什么原因会导致洛基出走。

这时，小豆豆看到放在地板上的熊娃娃的脚上粘着一缕东西。一直忍着没有哭出来的小豆豆，看到这缕东西，再也忍不住，放声哭了起来。那是一缕浅茶色的毛，洛基的毛！那是小豆豆出发去镰仓的那天早晨，和洛基在这里翻滚嬉闹的时候，从洛基身上落下来的毛。小豆豆捡起这几根牧羊犬的毛，紧紧地握在手里，久久地，久久地哭泣着。泪水和哭声，怎么也无法止住。

泰明之后，小豆豆又失去了一个最亲密的朋友。

# 茶话会

巴学园的校工——大家喜欢的阿良，也要入伍了。

阿良比孩子们都要大很多，其实可以做孩子们的叔叔，但是大家都亲昵地叫他：

“阿良。”

当孩子们遇到困难的时候，阿良是帮助孩子们摆脱困境的天神，他什么都会做。平时，阿良总是默默地微笑着，但他能够立刻知道孩子们需要什么样的帮助。有一次小豆豆没有发现厕所掏口的水泥盖子已经揭开，远远地跑过去，结果“扑通”一声，掉进了齐胸深的厕所的掏口里，但是立刻就被阿良拉了上来。而且，阿良还一点儿也不嫌脏，耐心地帮小豆豆洗干净。阿良就是这么善良。

校长先生说，要为入伍的阿良开一个“茶话会”。

“茶话会？”

茶话会是什么呢？孩子们都兴奋起来。因为可以了解一个以前一无所知的东西，当然很高兴。当然，孩子们还不懂得，小林先生不说“送别会”，而说“茶话会”，这里面包含着先生的苦心。如果说是“送别会”，从一开始，大一点儿的孩子们就会知道“那是很伤心的”。但如果说成“茶话会”，孩子们都不知道是怎么回事。大家都兴致勃勃的。

放学后，小林先生让大家把礼堂的桌子摆成一个圆圈，就像吃午饭时那样。大家围着桌子坐成一圈之后，校长先生发给每人一根细细的烤鱿鱼干，当时这已经是了不得的美味了。然后，先生和阿良并肩坐下，把一小杯酒放在阿良面前。这是只配给上前线的人的酒。校长先生说：

“今天是巴学园第一次开茶话会，我们开一个快快乐乐的茶话会吧。大家有什么话想和阿良说，现在就说吧。不光是对阿良说，也可以对同学们说。说话的时候，站到中间来。好啦，下面开始！”

孩子们还是第一次在学校里吃烤鱿鱼干，也是第一次和阿良坐在一起，第一次看到阿良小口小口地饮酒的样子。

于是，大家一个接一个地站起来，对着阿良说出自己的心里话。一开始，大家还说“请放心走吧”或者“要多保重，不要生病”这样的话，但轮到小豆豆他们班的右田君的时候，他说：

“下一次，我还从乡下带葬礼上的包子来，给你们吃。”

听他这么一说，大家哄堂大笑。（那是一年多以前，右田君在乡下吃过葬礼上的包子，总也忘不了包子的好味道，一

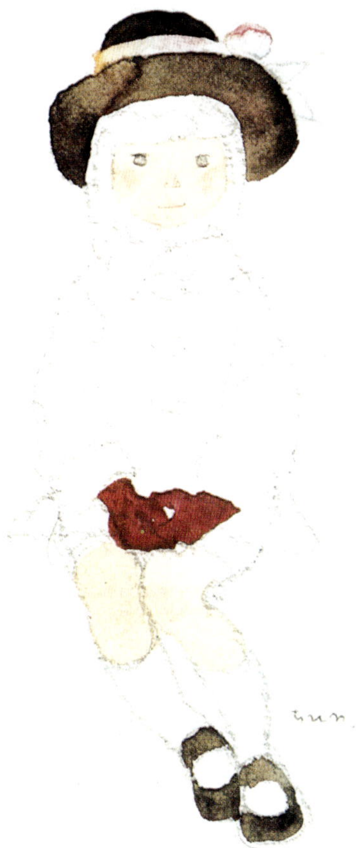

有机会，就对大家许诺要“带给你们”，但一直也没有真的带来过。所以今天才这么说。）

校长先生一开始听右田君说“葬礼的包子”时，心里不由得“咯噔”一下，这样的话一般被认为是不吉利的。不过，右田君只是天真地希望“让大家都尝一尝美味的东西”，先生理解他的心意，也和大家一起笑了。阿良也哈哈大笑起来。因为，右田君也跟阿良说过好多次“要带给你包子”这样的话。

大荣君说：

“我要成为全日本最棒的园艺家。”

大荣君是园艺家的孩子，他们家在等等力有一座非常大的园林。青木惠子同学默默地站起来，像平时一样，害羞地笑着，默默地鞠了一个躬，又回到座位上。小豆豆走到中间，在惠子鞠躬之后，插嘴替惠子补充说：

“惠子家里的鸡，在空中飞。前一阵子，我看到过的。”

天寺君说：

“如果有受伤的猫和狗，就拿到我这里来吧。我会把它们治好的。”

一眨眼，高桥君从桌子下面钻了出来，站在正中间，大声说：

“阿良，谢谢你。谢谢你为我做的很多事情！”

税所爱子说：

“阿良，有一次我摔倒了，你给我包扎起来，谢谢你。我不会忘记的。”

税所同学的叔公是日俄战争中有名的东乡元帅，而且明治时代御歌所的著名诗人税所敦子也是她的亲戚。(但是，税所同学自己却从来没有提起过这些。)

美代是校长先生的女儿，所以和阿良关系最亲密。美代眼泪汪汪地说：

“阿良，你一定要多保重啊。我会给你写信的。”

小豆豆有太多的话想说，不知该怎么办好。最后，小豆豆这样说道：

“阿良，你走了以后，我们每天都开茶话会。”

校长先生和阿良都笑了。孩子们也笑了，连小豆豆自己也笑了起来。

但小豆豆说的这句话，从第二天开始却真的实现了。孩子们一有空就凑到一起，开起“茶话会”来。大家用树皮代替烤鱿鱼干，用水代替酒，一边“吱吱”地吮着树皮，一边小口小口地喝着玻璃杯里的水，说“我要带葬礼上的包子来”什么的，嘻嘻哈哈地闹着。虽然没有什么好吃的东西，茶话会还是乐趣无穷。

茶话会是阿良留给巴学园的珍贵礼物。那时大家都没有意识到，实际上，茶话会是在大家各奔东西之前，在巴学园拥有的最后的心心相通、其乐融融的节目。

阿良乘上东横线电车，出发了。

善良的阿良走了，代之而来的是美国的飞机。飞机终于出现在东京的上空，每天向东京投下炸弹。

# 再见，再见

巴学园起火了。

那是在夜里发生的事情。当时美代和姐姐美纱，还有她们的妈妈，正待在和学校相连的校长先生家里，她们一起逃到了九品佛池塘旁边的巴学园的农园里，都平安无事。

从B-29飞机上，数枚燃烧弹投向巴学园，落在了电车教室上。

凝结着校长先生梦想的巴学园，被熊熊的火焰包围着。先生无比热爱着的孩子们的笑声、歌声消失了，代之以摧人心肺的恐怖声响，整个学校毁于一旦。大火把学校几乎夷为平地，再也无法修缮。在自由之丘，也到处火舌蹿动，浓烟弥漫。

那时候，校长先生站在大路上，静静地看着巴学园在燃烧。和平时一样，先生穿着旧得有点儿走了形的、但非常得体的黑色三件套西装，两只手放在上衣口袋里，这也是先生平时的习惯动作。校长先生一边看着火焰舞动，一边对站在身边的儿子——大学生巴说：

“噢，下一次，我们办一个什么样的学校呢？”

巴吃惊地听着小林先生的话。

小林先生对孩子们的爱，以及他对教育的热情，比正在吞噬着学校的火焰还要巨大，还要炽热。先生心中仍然充满了信念和力量。

那时，小豆豆正躺在拥挤的疏散列车上，夹在大人中间。列车向东北开去，小豆豆望着黑乎乎的窗外，回忆着分别的时候，校长先生说过的话：

“还会再见面的！”

还有先生一直对自己说的那句话：

“你真是一个好孩子。”

不要忘记这些啊！

小豆豆默默地对自己说。她想到：

“过不了多久，就又能看到小林先生了。”

于是，她渐渐放下心来，睡着了。

列车载着不安的人们，发出隆隆的声音，奔驰在黑夜之中。

# 后 记

写下巴学园的故事，是长期以来，我最想做的事情之一。非常感谢您阅读这本书。书中所写的事情，没有一件是编造的，它们都是真实发生的事。值得庆幸的是，我还没有忘记这些事。把这些事记录下来，是我的心愿。还有一个原因是，在本书的《一言为定！》这一篇中也写到过，我曾经和校长先生约定“长大以后，要做巴学园的老师”。但是，我并没有兑现这个诺言。所以，我想至少要让人们知道，有这么一位小林先生，他是怎样深深地爱着孩子们，他是用什么样的方式教育孩子们的。这一切，我觉得必须详细地写下来。

令人悲伤的是，小林先生已经于1963年，也就是十八年前去世了。如果先生还健在的话，我还可以向他请教很多问题。真是很遗憾。

当我开始写作的时候，我发现，在年轻的时候，仅仅当作快乐记忆而留在心中的巴学园，现在重新回忆起来，常会有一些新的发现：

“啊，原来小林先生是为了这个才那么做的啊！”

“先生连这个都想到了啊……”

从而理解到小林先生的良苦用心。每当这种时候，我的心里就充满了惊讶、感动和庆幸。就拿我来说吧，先生不停地对我说“你真是一个好孩子”，一直到现在，这句话是怎样激励着我、支持着我的啊！它对我的鼓舞无法估量。如果我没有进入巴学园，没有见到小林先生，恐怕无论我做什么，都会被贴上“坏孩子”的标签，被自卑的心理包围，不知道该怎样做才好。可能就会怀着这种无所适从的心理，直到长大吧？

巴学园在1945年的东京大空袭中被烧毁。这所学校全部是由小林先生的个人财产创办的，所以，重建学校需要花费相当长的时间。战后，小林先生先在巴学园的废墟上创办了幼儿园，同时，先生又协助国立音乐大学创建保育系（即现在的幼儿教育系），并且在国立音乐大学讲授韵律学。这里的小学创建的时候，先生也尽力协助。但是，先生却在自己的梦想——重新创办理想的、自己的小学——实现之前，于六十九岁那年与世长辞。

当时，巴学园所在的地方，从东横线的“自由之丘”车站走三分钟就到了。现在，那里是“孔雀超级商店”及其停车场。这之前我有一次因为非常怀念巴学园，虽然明明知道那儿已经完全没有过去的样子了，但还是忍不住开车去了那里。到了现在的停车场附近，我想起了电车教室、运动场……

想要好好地看一看，就慢慢地开着车。正在那时，停车场的大叔看到我的车，冲着我大喊："停满了！停满了！不行！不行！"我很想说，"我不停车，我只是在回忆我的小学。"但我知道，谁也不会理解我当时的心情，于是只好匆匆离开了。可是，不知为什么，我的心头突然涌上一阵悲哀，坐在奔驰着的汽车里，泪水"啪嗒啪嗒"地落了下来。

日本有很多优秀的教育家。大家都怀着理想、爱心和梦想，但是要将这些变成现实，却是那么困难。这一点我也有深切的体会。小林先生也是如此，在创立巴学园之前，他进行了年复一年的研究。巴学园作为一所完整的学校，创立于1937年，而在1945年即毁于战火，只存在了极为短暂的一段时间。

不过，我在巴学园的那段时间，对小林先生来说，是他最富有热情、他的理想之花绽放的瞬间。在这一点上，我觉得自己是幸运的。但是，如果没有战争，小林先生会培育出多少学生，将他们送到社会中去啊！每当想起这些，我的心中就充满了叹息和悲伤。

小林先生的教育方针，在这本书里也写到过，那就是先生经常说的：

"无论哪个孩子，当他出世的时候，都具有优良的品质。在他成长的过程中，会受到很多影响，有来自周围环境的影响，也有来自成年人的影响，这些优良的品质可能会受到损害。所以，我们要早早地发现这些'优良的品质'，并让它们发扬光大，把孩子们培养成富有个性的人。"

先生热爱大自然，他希望孩子们尽可能地保持自然的性格。另外，他也喜爱真实的自然界。据先生的小女儿美代回忆，在她小时候，父亲总是说：

“让我们去寻找一下自然界的节奏吧！”

先生一边这样说着，一边带她出去散步。每当这个时候，先生总喜欢走到有大树的地方，静静地观察大树的枝叶迎风摇动的样子，先观察一根树枝，再看它上面的一枝，再看摇动着的树叶，还有它们和树干的关联。仔细地观察风强弱不同的时候，树叶的摇动有什么差异。如果不刮风，先生则会久久地站在那里，仰望着大树的繁枝密叶……不光看树木的时候如此，据美代说，先生对河流也有这种情怀。他每次到附近的多摩川，总会忘情地看着水流，好像永远也看不够似的。

也许有人会提出疑问，在战争期间，这么自由的小学，为什么会得到文部省和国家的许可而存在呢？详细的情况，我直到现在也不清楚，但我觉得有一点原因是，小林先生不喜欢张扬，用现在的话说，就是对媒体敬而远之。即便在战前，先生也从来没有让人拍摄过学校的照片，没有宣传过“这是一所与众不同的学校”。再加上巴学园的全校学生加起来还不足五十人，这么一所小学校，并不惹人注意，所以能够安全地存在下去。

我们这些巴学园的学生，不管自己是哪一个年级的，每年的十一月三日——就是巴学园开精彩运动会的那一天——我们就会借用九品佛寺庙的房间，大家聚到一起，度过快乐

的一天，这个习惯一直保持到现在。大家都已经年过四十，转眼就快五十岁了，都已经为人父母，但大家还是互相称呼“朔子”、“大荣君”，和小时候完全一样。我们能够这样亲密地交往，也是小林先生留给我们的礼物。

我从以前的小学退学的事也是真的。我已经记不太清楚了，像宣传艺人的事啦，桌子盖的事啦，都是后来妈妈告诉我的。但我心里总觉得“嗯？我难道是一个这么差劲的孩子？”还半信半疑的。然而，五年前在我主持的电视节目《奈良的早晨》中，出席这个节目的嘉宾，竟然是我退学的那所小学的一位女老师！当时她是我的隔壁班（也是一年级）的班主任老师。听了老师的讲述，我非常惊讶。老师的话是这样的：

“彻子当时是隔壁班的学生。上课时，我有时候有事去办公室，就让学生们上自习，我来到走廊里的时候，几乎每天都看到你站在那里。而且，当我走过时，彻子总要叫住我，问：‘老师，我被罚站了，为什么呢？’‘我做什么坏事了吗？’‘老师讨厌宣传艺人吗？’你这样问，我实在很难回答。所以到后来，我即使有事要去办公室，也要先开门看一看，如果彻子站在那里，我就不去了。你的班主任老师，经常在教师办公室里对我抱怨：‘怎么会那个样子呢？’所以，后来你出现在电视上的时候，一看名字，我马上认出了你。因为虽然事隔多年，我还清清楚楚地记着你上一年级时的事……”

“被罚站”这件事，我已经完全不记得了，不禁大吃一惊。望着这位一大早就赶来参加电视节目、满头白发的温和老师，我想象着她年轻时的样子，又想到自己那时候，明明被罚了站，还要刨根问底，那副“好奇的彻子”的样子。我不禁有些好笑。同时，我也终于相信“退学”这件事的确是真的。

在此，我想对我的母亲，表达我发自内心的感谢。因为，直到我二十岁之后，母亲才告诉我曾经退学这件事。满了二十岁以后，有一天，母亲问我：

“那时，我们为什么要换一个学校，你知道吗？”

“嗯？”

我不明所以。妈妈轻描淡写地说：

“其实是退学了。”

如果，当我还是一年级的小学生时，妈妈就对我说：

“怎么搞的？你竟然弄到要退学！我们只好再找一个学校了，如果再退一次学，就没有学校要你了！”

那样，当我第一天走进巴学园时，会是多么沮丧而惴惴不安啊！那生着根的校门、电车教室，在我眼中肯定不会那样有趣了。能拥有这样一位母亲，我实在很幸运。

因为当时处在战争期间，所以我几乎没有巴学园的照片。在仅存的几张照片中，最有趣的是毕业典礼上的那一张。毕业生照相时，一般都在礼堂正面的台阶上，大家一边嚷着“照相啦！照相啦！”一边排好队。但是在校生也想跟着一起照，就从这儿那儿露出脸来，结果照出来的相片都弄不清楚谁是真正的毕业生了。每当大家聚到一起的时候，都要研究一番“这是哪个班毕业时的相片”。但这种时候，小林先生从来不责备大家。先生一定是觉得孩子们自由自在、生动活泼

地照相，比呆板的毕业典礼照片要好吧。现在回想起来，的确是没有比这样的照片更能体现出巴学园风格的东西了。

要说巴学园的事情，还有很多很多。在这本书中，我想说的是一个叫小豆豆的女孩，在周围大人们的引导下，终于能够顺利地和大家一起学习、一起相处的故事。能够使这些为人所知，我已经觉得非常欣喜和满足。

我常想，如果今天还有巴学园，可能就不会有孩子讨厌上学了吧？因为，在巴学园，即使放学之后，孩子们也不愿意回家。而且第二天早晨，又眼巴巴地盼着早一点儿到学校去。巴学园就是这么一所充满魅力的学校。

那么，在巴学园，和我一道在电车教室旅行的伙伴们，现在怎么样了呢？在这里，我简单说一下我知道的情况。

**高桥君**（高桥彰）

总是在运动会上拿第一名的高桥君，现在仍然只有他读小学低年级时那么高。高桥君以优异的成绩进入国学院久我山高中（这所高中的橄榄球队非常厉害，非常有名），然后升入明治大学的电气工学系，并从那里毕业。

现在，高桥君在滨名湖畔的安藤电气公司担任“协调工作”，这是非常重要的职位，目的是为了追求公司中人际关系的和谐，因此高桥君要了解大家的辛苦和烦恼，并且解决实际的问题。正因为高桥君能够设身处地地体味他人的苦处，才会出色地做好这项工作吧。而且，我想还有一个原因，那就是高桥君明朗而富有魅力的性格，一定也给他的工作提供了很大的帮助。高桥君还有一项专业方面的工作，就是指导刚进公司的新员工学会使用公司的IC大型机器。

我写这本书的时候，曾经去滨松拜访了高桥君和他温柔的太太。高桥太太对巴学园的事情非常了解，简直像自己就在巴学园上过学一样。她深深地理解高桥君，是高桥君的知己。我们一起谈话，我听取了高桥君的很多感想。高桥君告诉我，他“的确没有因为身体上的缺陷而怀有自卑的心理”，我想真的是这样。因为，如果高桥君怀有自卑心理，他就很难升入那么好的高中和大学，更不要说担任“使人际关系和谐”的工作了。高桥君说的“第一天到巴学园时”的话，也给我留下很深的印象。那就是，“看到还有别的像我一样的孩子，觉得安心了”。就这样，高桥君在巴学园的第一天安心地度过了，以后的每一天都十分快乐，一次也没有想过找个理由请一天假什么的。在游泳池中赤裸着身体游泳时，他一开始非常害羞，但是一件一件往下脱衣服的时候，仿佛自己的害羞心理也一层一层地脱落了。即便裸着身体出现在别人面前，也不再觉得有什么难为情的了。当高桥君站在比自己还要高的跳马面前时，小林先生鼓励他说：“没关系，你能跳过去！绝对能跳过去！”仅仅在最后一刻才伸手托了他一下，让人感觉这就是高桥君自己跳过去的（现在想来是这样的），由此来增加他的自信心。跳过去时的欣喜，真是无法用语言来表达。如果自己向后退缩，就会被人推着向前，自己必须采取积极主动的态度才行。当然，运动会上的光荣和喜悦，现在仍然清晰地留在高桥君心中……

像小学生时一样，高桥君的眼睛明亮有神，声音也显得深思熟虑，他向我娓娓地述说了上面那些关于巴学园的往日回忆。

我觉得，高桥君良好的家教，也使得他的性格更加完美。但小林先生无疑起到了巨大的作用，先生不是仅仅看到眼前的事情，而是还考虑到几十年之后的事，并据此来培育我们。先生经常对我说“你真是一个好孩子”，同样，他也一直对高桥君说着一句话，那就是：“你绝对能做到。”这句话无疑深深地影响着高桥君的一生。

快分别的时候，高桥君讲了一件事。在巴学园上学时，在学校外面，他经常会被外校的学生欺负，有一次他沮丧地来到学校，我问他“怎么了，是谁干的？”话音未落，我就跑了出去，过了一会儿又跑了回来，对他说“高桥君，已经没事啦”。“那时我非常高兴。”最后，高桥君再一次对我说。我已经忘记这件事了，但高桥君一直念念不忘，谢谢你这样记着我做的小事！

**美代**（金子美代）

校长先生的三女儿美代，毕业于国立音乐大学的教育系，现在是国立音乐大学附属小学的音乐教师。美代也和校长先生一样，“喜欢教小孩子”，并且怀着这样的想法和孩子们亲近。据说美代三岁左右时，就能够合着节拍走动，身体做出各种动作，说好多好多的话，校长先生就是以美代的这些情况为参考，去教孩子们的。

**朔子**（松山朔子，结婚后为斋藤朔子）

小豆豆第一天上学时见到的，那个穿着小兔子图案连衣裙的大眼睛女孩，就是朔子。朔子后来轻松地通过了当时最难考的女子学校之一——都立第六女子高中（现在的三田高中）的入学考试，后来又升入东京女子大学英语系。毕业之后，担任御茶水YWCA的小学英语教师，一直工作到现在。特别是夏天小学生们露营的时候，朔子根据巴学园的经验，发挥了很大的作用。朔子在攀登阿尔卑斯山[1]穗高峰的时候，邂逅了现在的丈夫。现在，朔子的儿子已经上大学三年级了。为了纪念他们夫妇在穗高峰的相识，儿子的名字叫作“保高”。

**阿泰**（山内泰二）

不肯娶我作新娘的阿泰，现在是日本有代表性的物理学家。阿泰现居美国，是所谓“精英外流”中的一员。

阿泰毕业于东京教育大学（现在的筑波大学）理学院的物理学系，在本校的研究生院取得硕士学位之后，作为富尔布赖特[2]交换学生去了美国留学，五年后在罗彻斯特大学获

---

① 这里不是指欧洲的阿尔卑斯山脉，而是指日本中部地区的飞驒、木曾、赤石三座山脉的总称。这是1881年由英国人格兰特根据欧洲的阿尔卑斯山脉而命名的。

② 詹姆斯·威廉·富尔布赖特（1905—1995），美国的政治家，从1945年起任上议院议员。他是美国教育交流计划的提案者，这个计划被称为“富尔布赖特计划”。

得博士学位。而后，阿泰留在罗彻斯特大学，继续高能实验物理的研究。现在，阿泰已经是位于伊利诺伊州的大名鼎鼎的“费米国立加速研究所”的副所长，这个研究所是世界上最大的加速研究所，在物理学界尽人皆知。在这个研究所里，聚集了美国五十三所大学的最聪明的研究者，有一百四十五位物理学家，技术人员则达到一千四百多人。阿泰是这个巨大研究所的副所长，并且兼任物理部的部长，从这里也能够看出阿泰卓越的天才。

四年前，这个研究所成功地制造出最大功能为五千亿电子伏特的回旋加速器，引起了全世界的瞩目。最近，阿泰和哥伦比亚大学的教授共同发现了一种叫“η粒子”的物质，有的人甚至说这可能获得诺贝尔奖。我想阿泰将来一定会得到诺贝尔奖的。阿泰的夫人是女性中罕见的数学才女，以优秀的成绩毕业于罗彻斯特大学。

这一对研究物理学和数学的优秀夫妇，有时会和两个儿子一起举行家庭音乐会。大家分别演奏大提琴、钢琴、小提琴等自己擅长的乐器，真称得上是一个艺术之家。

对于本来就聪明过人的阿泰来说，也许他上任何一所小学，都会有今天的成就。但是，在巴学园，每天早晨都可以“从自己喜欢的科目开始”的学习方式，也许会使他的才华得到更好的发展吧。上课时的阿泰，总是待在他的酒精灯、烧瓶、试管旁边，再不然就在自己的座位上埋头读着很难的科学书或物理书，在我的记忆中，阿泰总是这个样子。

**大荣君**（大荣国雄）

因为拉我的小辫子而被校长先生训斥的大荣君，在高桥君的“尾巴”事件中，又是他给我提供了很好的消息。

大荣君现在是日本屈指可数的东洋兰鉴定专家之一。据说，有的东洋兰一棵的价值就高达数千万日元，因而有必要进行鉴定。而且，东洋兰的售卖和栽培也极为困难，但是大荣君不知什么时候领悟出了其中的技巧，现在他整天乘着飞机或火车在全日本跑来跑去。为了写这篇后记，我通过电话联系上了大荣君，当时他刚刚从外地回来。

我问：“后来，你去了什么学校？”

大荣君：“哪儿也没去。”

我问：“哪儿也没去？那么，你就上到巴学园为止了？”

大荣君：“是啊。”

我问：“嗯？那么，连中学也没上吗？”

大荣君：“啊，在疏散地的大分县，上了几天大分中学。”

唉，说得这么轻巧。在战前，大荣君是大园艺家的孩子，是占了等等力大部分林地的“赞花园”的小主人，但这一切都在战争中烧毁了。不过大荣君性情豁达，并不以此为遗憾。下面是那次电话的继续：

大荣君：“你知道花朵中最香的是什么吗？我觉得应该是中国的‘春兰’，那种香气，无论什么香水都不能和它相比。”

我说：“春兰贵吗？”

大荣君：“嗯，贵的、便宜的都有。”

我问：“东洋兰的花是什么样子的？”

大荣君：“啊，东洋兰的花朵很素雅——还是素淡的好啊。”

大荣君的声音还是那么慢悠悠的，显得很从容，和在巴学园的时候一点儿没有变化。我一边听着大荣君的话，一边思考着，大荣君连中学也没有读完，但他丝毫不觉得有什么难为情的，自己研究，自己开拓，从事着自己真正喜爱的工作，这一切令我非常感动。

**天寺君**（天寺和男）

喜爱动物的天寺君，小时候的梦想是成为兽医，拥有牧场。但非常遗憾的是，由于天寺君的父亲突然去世，他不得不放弃自己的梦想，从日本大学的兽医畜产专门学校转到庆应医院工作，进行了一百八十度的大转弯。现在，天寺君在自卫队的中央医院致力于临床检查的工作。

**税所爱子**（结婚后为田中爱子）

税所同学的叔公是著名的东乡元帅，她是从青山学院的小学部中途转学到巴学园的。那时，我感觉她是一位“文静稳重的小姐”，其实在那时，她担任陆军近卫三队少佐的父亲，已经战死了。税所同学在镰仓女子高中毕业之后，和现在的丈夫——一位建筑设计师结婚。现在，税所同学的长子在建筑公司工作，次子也确定了工作，她已经很轻松了。她有时候也写和歌自娱。

我说：“您也喜欢写和歌，到底是和诗人税所敦子有血缘关系的缘故啊！”回答是：“哪里呀，呵呵呵呵。”我说：“您还是和在巴学园时一样，那么谦虚稳重。”税所同学立刻接着说：“扮演辩庆时的体型，到现在也还没变啊！”她的声音让人感觉出她家庭生活的温馨。

**右田昭一君**

因为要给大家带葬礼上的包子而出名的右田君，从都立园艺学校毕业，但他还是想学习从小就喜欢的绘画，于是又进入武藏野美术大学的设计系并从那里毕业。现在右田君和朋友一起成立了美术设计公司，并努力地开拓事业。

**青木惠子**（结婚后为桑原惠子）

曾经饲养了在空中飞的鸡的惠子，后来和一位庆应义塾的幼儿园老师结婚，已经度过了银婚纪念！女儿也已经结婚了。

另外，还有一位后来转学来的坂本敏子同学（结婚后为菅敏子），从香兰女校毕业后，在“梅·牛山哈里伍德美容沙龙”工作，现在是排名第三位的资深发型师。

**渡边义治君**

毕业于神奈川大学，后来成为公司职员。

下面也介绍一下小林宗作先生的简略经历。

**小林宗作**（本名为金子宗作）

小林先生于1894年6月18日生于群马县的吾妻郡。先生从小爱好音乐，经常在能够望见榛名山的家附近的河边，手里挥动着指挥棒玩耍。因为家境并不富裕，他又是六个孩子中最小的一个，所以先生在小学毕业之后，立刻做了代课老师，并且通过了教师资格考试，取得教师资格（仅仅小学毕业，就能够通过资格考试，非得特别优秀不可）。随后先生来到东京，在牛进小学担任教师，同时学习音乐，并且考入了一直向往的东京音乐学校（即现在的东京学艺大学）的师范系。毕业后，先生成为成蹊小学的音乐教师。成蹊小学的创立者中村春二先生的教育理念，给了小林先生很大的影响。中村春二先生是一位非常优秀的人，他认为"教育必须从小学开始"，每一个班级的学生，绝对不超过三十人。他还倡导自由教育，贯彻尊重孩子们个性的教育理念，比如说，如果上午完成了学习计划，下午就散步、采集植物标本、写生、听老师说话、唱歌……后来，小林先生也实行这种授课方式。

小林先生在成蹊时期教过的学生中，有后来成为钢琴家的井上园子和野边地瓜丸等人。

在成蹊小学期间，小林先生为小学生们写了适合孩子们的喜剧歌剧，三菱财阀岩崎小弥太男爵看了这出歌剧之后深为感动，决定资助小林先生去欧洲，考察那里的教育情况。岩崎男爵（他是创立伊丽莎白·桑德斯养育院的泽田美喜女士

[已故] 父亲的堂兄弟）也是这所独特小学的创办者，他还从财力上资助了山田耕作等多位艺术家。小林先生当时正为音乐教育、儿童教育中的很多问题而烦恼，他非常高兴地接受了这项资助，初次西行欧洲，学习教育学。那是在1924年，先生当时三十岁。

然后，就像《韵律操》那一篇中所说的，小林先生见到了在世界上很有影响力的达克罗兹，来到了他在巴黎开设的学校中，直接向达克罗兹先生学习。另外，小林先生还参观了好多所小学，两年后返回日本。小林先生回到日本之后，立刻与赞同自己幼儿教育主张的小原国芳先生，共同创办了成城幼儿园。后来，小原先生创立了玉川学园，小林先生则创立了巴学园。

在开办成城幼儿园的时候，小林先生总是对幼儿园的老师说："不要把孩子们束缚在老师的计划中，要让他们到大自然中去。孩子们的梦想，要比老师的计划大得多。"小林先生创办的这个幼儿园，和以前的幼儿园都大不相同。

1930年，小林先生第二次去欧洲。因为先生在实际的教育过程中，感觉到有必要进一步学习韵律学，于是再次回到达克罗兹先生那里。在欧洲，小林先生又考察了好多学校，决定要真正开始创办自己的小学，并于一年后回国。

1937年，小林先生创办了巴幼儿园和巴学园（小学），并且成立了日本韵律学协会。

很多人知道小林先生是"将韵律学普及日本的人"，并且研究他的人也不少。但要说到小林先生具体是怎样进行儿童教育的，除了当时我们这些小学生，就很少有人知道了。三年前，小原先生也去世了。而且，这本书中出现的丸山老师，还有和小林先生在同一时期受教于达克罗兹的石井漠先生，都已经去世了。

战后小林先生教过的学生中，有人说“先生是一位沉默寡言的人”。我回想起在巴学园的时候，小林先生总是高高兴兴地和我们说话的情景，心想先生一定是在战后有太多悲伤的事情，才变得沉默的吧？想到这些，我不禁十分难过。而且，如书中所言，小林先生在巴学园的废墟上担任国立幼儿园的园长，并担任国立音乐大学的讲师，但他终于没能再次创立像巴学园那样有特色的小学，就去世了。一边看着因为空袭而被烈火吞噬的巴学园，一边说“下一次，我们办一个什么样的学校呢”的小林先生，在他当年的热情再次被唤起之前，就永远地离去了。

以上非常简略地叙述了小林先生的经历。如果写得再详细一点，那就是先生还长期担任过东洋英和女学院、石井漠舞蹈学校、都立保姆学校、东京都保姆培育所等学校的教师。在巴幼儿园的毕业生中，有女演员池内淳子女士。在巴学园我的学姐中，有女演员津岛惠子女士。

后记写得很长，因为我希望大家能够更多地了解小林先生，就不知不觉加上了这么多。现在我主持的朝日电视台的《彻子的小屋》节目，其主制作人是佐野和彦君。佐野君毕业于学艺大学的乐理系，然后开始在电视台工作，同时也教小孩子音乐。在教音乐的过程中，他发现了很多疑问，这时他听说“有一位叫小林宗作的杰出教育家”，就非常想知道这位教育家是怎样教学生的，是怎样的一个人。于是，佐野君这十年以来，向国立学校的有关人士询问了很多小林先生的事情，认真地做了好多研究。不过，说到小林先生是如何具体地和孩子们接近，就不得而知了。有趣的是，我在主持《彻子的小屋》节目之前，曾经做过好几年《大视角》的主持人，从那时起就和佐野君相识，算来已经有十年之久。但是，在这期间，我一直不知道佐野君在收集小林先生的资料，而佐野君虽然知道我“受到过一位了不起的校长先生的教育”，但做梦也没有想到那就是小林先生。当我开始写“小豆豆”的时候，才突然揭开了这个秘密。佐野君又惊又喜，激动地跳了起来：“真没想到，我身边就有人知道这些事情，我寻找了这么多年，原来近在眼前……”

佐野君真正想要着手收集小林先生的资料，起因是他遇到了一位女士，在小林先生教孩子们韵律操的时候，这位女士给孩子们进行钢琴伴奏。女士告诉佐野君，小林先生曾经对她说：“哎，孩子们是不会那么走的。”

就是说，小林先生在提醒这位女士，她不懂得孩子们呼吸的频率。就是这么一件事，促使佐野君开始了对小林先生的研究。我真心地希望，通过佐野君对事物细致敏锐的感觉和他的调查研究，能够使小林先生更多更详细的事迹为人所知。

入伍的校工阿良，后来平安返回了。而且，现在每到十一月三日，阿良总要和我们一起聚会。

我把这本书的题目命名为“窗边”，是因为在我开始写作的时候，正流行着“窗边族”这个说法。这个词给人一种被排除在外围，而非处于主体地位的感觉。当时我总是站在窗边等着宣传艺人路过。而在第一所学校中，实际上，我隐隐约约地总有一种被排斥感。所以我选择了这样的书名。关于“小豆豆”，则在书中已经作了说明。

能够出版这样一本书，我首先要向书中这些美丽可爱的插图的作者——岩崎千弘女士表示由衷的谢意。遗憾的是，千弘女士已经在七年前去世了。但是，她留下了大约七千幅优秀的画作。众所周知，千弘女士是儿童画的天才，在世界上，恐怕再没有任何一位画家能够如此生动地表现出孩子们的神态来了。无论孩子们是什么样的姿态，千弘女士都能够生动地描绘出来，而且，她还能清楚地表现出六个月的婴儿和九个月的婴儿的不同神态。千弘女士的画作总是孩子们的好伙伴，画中包含着对孩子们能够幸福的祝愿。在这本书中采用千弘女士的画作，是我的梦想。这个梦想能够实现，真让我欣喜万分。由于我的文章和千弘女士的画实在吻合得太好了，有的读者甚至认为“是不是千弘女士在去世之前，特意为这本书画了几幅插图”。当然不是这样，但从这一点也可以看出，千弘女士一生之中画过多少孩子、多少天真烂漫的画像啊！我写这本《窗边的小豆豆》，要把一篇篇文章积累到够一本书的程度，的确很难。因此，我特意在讲谈社的《年轻女性》杂志上连载，这样可以每个月都有一定的截稿日期，迫使我必须完成写作计划。从 1979 年 2 月到 1980 年 12 月，我一直连载了将近两年的时间，后来将这些文章汇集成书。其间，为了选择合适的插图，每个月我都要去位于练马区下井神社的岩崎千弘绘本美术馆（我也是那里的理事之一），在副馆长松本猛先生（千弘女士的儿子）和他的夫人由理子女士的帮助下，挑选图画。两年中，每个月都要去那儿，虽然挺不容易，但也是一个好机会，使我能够看到千弘女士大量的原作，我觉得非常快乐。在此，我要向这一对年轻的夫妇，还有欣然应允我使用原画的岩崎千弘女士的丈夫松本善明先生，表示深深的感谢。另外，这家美术馆的馆长、剧作家饭泽匡先生，常常鼓励磨磨蹭蹭的我说：“快一点儿把小学的事、校长先生的事写给我们看啊。”在此，我也要向饭泽先生表达我的感谢，谢谢饭泽先生对我的鼓励。

当然，以美代为首的巴学园的同学们，给了我很大的帮助和协作，实在太谢谢你们了。

早在二十多年前，讲谈社的加藤胜久先生就发现了我发表在《妇人公论》杂志上关于巴学园的极短的小散文。加藤先生对我说，“写成一本书怎么样”，并且给我带来了厚厚的一大摞二百字的稿纸。当时我还非常年轻，甚至连“海味”和“山味”都分不清楚，而且，除了在学校里写的作文之外，我几乎没写过什么东西。加藤先生给了我“自信”，在我的心中播下了“什么时候写一写巴学园”的希望的种子。在这里，我也要对加藤先生表达我深深的谢意。当时的加藤先生给人的感觉是精明能干的年轻职员，时隔二十余年，再见到加藤先生的时候，他已经身居要职，但精明能干的感觉仍然没有改

变。当时加藤先生给我的稿纸，我没有写文章，而是做了别的用途，没想到二十年后，竟然会有这样的结局，真是让人高兴。

另外，我还要向当时负责《年轻女性》杂志的长泽明先生两年来每个月的辛勤忙碌表示感谢。

还有，我还要对讲谈社的岩本敬子女士道一声“谢谢”，她担任了《窗边的小豆豆》连载时的准备工作，而且在这次汇集成书的时候，为了使这本书“成为一本好书”而全力以赴地工作。能够和理解巴学园的人士一同工作，真让我感到无比幸福。

为本书进行装帧的和田诚先生是一位非常亲切的人，迄今为止，我的书全部由他进行装帧工作。

就这样，《窗边的小豆豆》终于得以与大家见面。虽然巴学园已经不存在了，但在大家读这本书的那一瞬间，巴学园仿佛又恢复了过去的样子。能够如此，真让我感到无上的快乐。

非常感谢大家，谢谢。

# 文库本[①]后记

自从《窗边的小豆豆》的单行本出版以来，到现在仅仅过了三年，但这期间陆续发生了很多事情，真让我感到非常欣喜，同时也极为惊讶。当我动笔讲述自己热爱的校长先生，以及我永远不会忘记的巴学园的故事之时，我绝对没有想到这本书竟然会这样畅销。在出版之后一年内，这本书已经卖出了四百五十万册，到现在为止，则售出了接近六百万册。

有人对我说，“在日本的出版界，还是第一次出现这样的盛况”，我对此还没有切身感受。但每天我都会收到从各地寄来的数不清的信件，当我读这些信的时候，才真切地感觉到“真的有这么多人在读我的书啊”。给我写信的读者，有五岁的

---

① 文库本是日本出版物的形式之一，是以普及为目的的小型（A6大小）书，便于携带，而且比较便宜。这一篇后记是作者为讲谈社所出的文库本《窗边的小豆豆》所写的。

孩子，也有一百零三岁的老人，每一封信都那么让人感动。

在读者的来信中，我惊讶地发现小学生的来信非常多。我写这本书的时候，并没有料到小学低年级的孩子们会读它，但为了慎重起见，还是在较难的汉字上面注了读音。即便如此，在这个被称为远离汉字的时代，才读小学低年级的孩子们，竟然一边查着字典一边读我的书。当我得知这一情形之后，不禁感到由衷的幸福。

有一个读小学二年级的女孩，写信告诉我说，她在路上看到了身体有残疾的孩子，认为这是“泰明”或者是“巴学园的孩子”，就奔上前去打招呼说“你好”，于是那个孩子也回答说“你好”，女孩非常高兴。巴学园的存在，已经是四十年前的事情了，小孩子真是有趣！还有好多孩子写信对我说，当读到最后“巴学园被烧毁了”的部分时，感到“战争很坏”，哪怕仅仅是让孩子们有这样的认识，我写这本书就已经值得了。

写完这本书，我曾经希望学校的老师和年轻的妈妈们读过之后，会说：

“啊，原来还有这样真正地热爱孩子、信赖孩子、充满了热情的教育家啊！”

但是，我也想象过，身处现实的教育领域中的老师们，也许会反驳道：

“在竞争如此激烈的社会，即便知道了这种梦想一般的事情，也没有办法真正做到啊！”

可是，这本书出版后，立刻得到了老师们积极的反响。很多小学老师来信说，“在学校的统一供餐时间，每天都拿这本书，读一段给孩子们听”；还有小学的美术老师说，“上美术课的时候，我把小豆豆中的很多段落读给孩子们听，让他们发挥想象力，根据故事画出图画来”；还有一位中学老师来信说，“我对现在的学校教育感到失望，曾经一度考虑改变工作。但现在我愿意怀着小林先生那样的心情，再努力一次。”这样令人欣慰的信件，纷纷飞来，令我感动落泪，因为“有这么多的老师，能够理解小林先生”。另外，这本书通过各种形式被学校的教材采用，去年《“旱田”老师》被选入了小学三年级的语文课本，《破学校》则被选入了四年级的道德课本。

但也有令人伤心的来信。一位女高中生从少年管教所来信说：“如果我有一位像小豆豆的妈妈那样的母亲，或者遇到像小林校长那样的老师，也许我就不会到这个地方来了……”

“为什么会成为这么畅销的书呢？”媒体提出了这个问题，这竟然成了一个社会性的话题。《朝日新闻》发表了关于本书的系列报道《小豆豆综合症》，调查了这本书在各个方面的影响。还有，令人吃惊的是，和出版“小豆豆”毫无关系的另一家出版社，推出了一本《小豆豆畅销故事》，从各个角度全面分析了“为什么会畅销”这一问题。

不管怎么说，在当前日本的教育出现很多问题、大家都在考虑“应当采取什么措施”的时候，这本书一出版，就被当成“教育书”而受到注目，尽管这并非是我写书时的初衷。也许正因如此，它才会成为畅销书。而且，不同年龄的人士，都以不同的阅读方式来读这本书，似乎也是它畅销的原因之一。

不过，也有人说这是女性写的第一本畅销书。一般来说，

谈到畅销书，人们都会觉得是因为男性读者喜爱购买，才会畅销。而对这本书，似乎男士们采取的是相当否定的态度。

“封面太女性化了”、“是明星写的书”、“是畅销书”，仅仅因为上述原因，很多男士就不愿意碰这本书。给本书写评论的男士们，很多这样写道：

“……因为那些原因，我就没有读，但是家人拼命推荐……”

但是，因为家人的推荐而开始读这本书的男士们，都在书评里给予我很高的评价。我非常感谢那些向家人强烈推荐我这本书的人们，谢谢你们。

在本书出版之前，我就决定要用它的版税，设立日本第一个聋哑人的专业剧团。为了让剧团在我年老体衰、不能一起举行活动时，或者我去世之后，都能够继续存在下去，我向政府申请把剧团的性质定为“社会福祉法人”。

虽然因为没有前例，批准我的申请存在很多困难。但政府认可我二十五年来参加的各种社会福利活动，终于许可了我的申请。于是，“社会福祉法人小豆豆基金”成立了。然后，这本书意外地成了畅销书。接着，我们“日本聋哑人剧团”就开始举行活动。在小豆豆基金的排练场，二十多位聋哑人演员进行着排练，另外，我们还开办了手语学习班。

去年七月，我们准备了狂言节目，参加了期待已久的世界聋哑人大会的戏剧节。在意大利的巴勒摩，我们在来自四十五个国家的观众们面前，出色地表演了我们排练的节目。这是日本的聋哑人演员第一次在国外演出戏剧，能够做到这一点，都是因为有读者们的支持。非常感谢大家。

两年前的春天，天皇陛下举行游园会的时候，我因为设立小豆豆基金，以及畅销书的事情，得以被邀请参加，同时被邀请的还有诺贝尔化学奖的获得者福井谦一先生等人士。天皇陛下对我说："书能够这么畅销，真不错啊。"这真是令我意外欣喜的嘉勉之言。同年，即1982年的12月9日（在日本，这一天被定为残疾人日），因为这一年是国际残疾人年，我受到了铃木首相的表彰。而且，还获得了"山本有三路旁之石文学奖"，以及其他很多奖项。

另外，又有数不清的邀约纷至沓来，要把这本书拍成电影，拍成电视剧，制作成动画，搬上舞台，制成音乐……但是我考虑到，由于有了岩崎千弘女士精美的插图，每一位读者都根据自己的想象，在心中创作出了自己的图画，想要拍成能够超越它们的影片极为困难，所以我都谢绝了。

不过，我只同意了一处邀约，那就是新星日本交响乐团提出的根据本书制作交响乐的提议，我对此很赞成。因为，音乐可以让人自由地发挥想象力。小森昭宏先生的作曲，比语言更能令我们感动。由我担任播音解说，由新星日本交响乐团演奏的音乐会，直到现在还在全国各地上演，并且已经制成磁带。

1982年，即小豆豆出版后的第二年，由多罗西·普林顿翻译的优秀英文译本问世了。身为作曲家和诗人的多罗西的译文，和我自己的文章具有同样的节奏和感觉，我读英文译本的时候，时而笑起来，时而又落下眼泪。小豆豆的英文版，在日本国内就卖出了四十万册，创下了英语畅销书的纪录。

同时，英文版也在美国出版发行，因此，我得以出席美国第一谈话节目——约翰尼·卡森的《今夜秀》(Tonight Show)。在节目中，我的话引得场上的观众数次大笑，所以从第二天开始，就有很多美国的谈话节目、新闻秀节目等邀请我去参加。而且，在美国最受重视的《纽约时报》，还在星期日的书评栏中，为“小豆豆”发表了本栏目有史以来最长的书评文章。美国媒体关注的还不仅限于这本书，他们认为日本的女性，能够活跃在电视上，这本身就非常罕见。在《时报》的日本特集中，还用一整页的篇幅，刊登了对我的专访。

在中国和韩国，“小豆豆”已经被翻译出版了。现在，波兰和芬兰的出版社也决定翻译这本书，目前正在翻译之中。在捷克共和国也有人正在进行出版的准备工作。另外，还有数家欧洲出版社发来了要出版这本书的提议。总之，如果这本书能够对别的国家的人们了解日本有所帮助，那就再好不过了。有的读者从美国寄来航空信件，述说他们的感想。有一个上小学的男孩说：

“小豆豆，你是一个漂亮的女孩吗？如果是的话，请到我家来做客。”

信后还添了一行，说这是一个生长在穷困的黑人家庭的男孩。这是男孩的女老师加上去的，正是老师把这本书读给孩子们听的。

还有一点值得提及，那就是在日本，读初中、高中的女孩们的来信中，很多都写着“真没想到，会是这么温柔”。“温柔”指的是什么呢？我想每个女孩子可能都有不同的所指吧。

但是，年轻人正在追求“温柔”这一点，却是事实。

当我正在写这篇后记的时候，我被UNICEF（联合国儿童基金会）授予“亲善大使”的称号。

能够得到活跃在全世界范围内、并曾获得诺贝尔和平奖的UNICEF的表彰，仍然是“小豆豆”为我起到了桥梁的作用。纽约的UNICEF事务局局长（联合国儿童基金的最高长官）读了朋友送的英文版“小豆豆”，非常感动，认为UNICEF的想法，和我的想法非常一致。而且，UNICEF早就考虑要在亚洲选择一位亲善大使，所以，我有幸被选中。在这之前，已经有三位著名的亲善大使，分别是演员丹尼·凯（美国）、彼得·乌斯季诺夫（英国）、丽芙·乌尔曼（挪威），我则成为世界上第四位亲善大使。

目前，世界上每天有四万、每年有一千五百万儿童死于饥饿，以及由饥饿引起的疾病。我的工作就是调查这些情况，并将这些信息报告给世界各国的人们。今年夏天，我要去非洲进行调查工作。而且，我们还计划近期内，去亚洲各国调查儿童的情况。

如果小林先生在世的话，一定会非常欣慰的。

“你们大家都是一样的，无论做什么事情，大家都是一样的。”

因为，小林先生总是对我们说着这样一句话。

黑柳彻子

1984年春天